翻转学习的理念
与外语教学的定制化体验

卢加伟 著

北京
冶金工业出版社
2020

内容提要

本书论述了翻转学习的兴起与发展，探讨了翻转课堂的理念与教学认知，分析了国内外语教学改革趋势与翻转教学模式，围绕外语翻转教学的模式展开研究，从外语听力、阅读、写作三个方面研究了外语翻转教学的实践，阐述了外语翻转教学与定制化教学，探索了翻转学习模式下外语教学的挑战。

本书具有学术性、知识性和应用性，可供外语教学研究和管理人员阅读，也可供本科和职业院校有关专业师生参考。

图书在版编目(CIP)数据

翻转学习的理念与外语教学的定制化体验/卢加伟著．—北京：冶金工业出版社，2019.7（2020.11 重印）

ISBN 978-7-5024-8174-2

Ⅰ.①翻…　Ⅱ.①卢…　Ⅲ.①外语教学—教学研究　Ⅳ.①H09

中国版本图书馆 CIP 数据核字(2019)第 155211 号

出 版 人　苏长永

地　　址　北京市东城区嵩祝院北巷 39 号　邮编　100009　电话　(010)64027926

网　　址　www.cnmip.com.cn　电子信箱　yjcbs@cnmip.com.cn

责任编辑　俞跃春　美术编辑　郑小利　版式设计　孙跃红

责任校对　郭惠兰　责任印制　李玉山

ISBN 978-7-5024-8174-2

冶金工业出版社出版发行；各地新华书店经销；北京建宏印刷有限公司印刷

2019 年 7 月第 1 版，2020 年 11 月第 2 次印刷

169mm×239mm；8.75 印张；170 千字；133 页

68.00 元

冶金工业出版社　投稿电话　(010)64027932　投稿信箱　tougao@cnmip.com.cn

冶金工业出版社营销中心　电话　(010)64044283　传真　(010)64027893

冶金工业出版社天猫旗舰店　yjgycbs.tmall.com

（本书如有印装质量问题，本社营销中心负责退换）

前言

随着国际交流的日益频繁，英语语言作为一种公共语言被使用，因此，英语的学习和英语水平的提高越来越受到重视，而提升学生的外语综合素质一直是外语教学的重点，教师也在不断尝试各种教学模式来提高学生的外语综合素质。如今互联网的发展使教育界发生了观念性的转变。互联网的普及和计算机技术在教育领域的应用，使“翻转课堂”式教学模式变得可行和现实。与传统的课堂教学模式不同，在“翻转课堂式教学模式”下，学生在家完成知识的学习，而课堂变成了教师与学生之间和学生与学生之间互动的场所，包括答疑解惑、知识的运用等，以达到更好的教育效果。随着翻转课堂教学模式的传入，在大学外语教学改革的背景之下，外语教学模式有了新尝试。翻转课堂将课堂中心转向师生互动、同伴协作和交流，打破了传统教学的局限性，让学生有更多的体验机会促进自己对知识的理解，重视学习方法与学习过程，利于学生的长久发展，是改变授课方式与授课时间的一种新型的教学模式。

本书共分七章。第一章论述了翻转学习的兴起与发展；第二章探讨了翻转课堂的理念与教学认知；第三章分析了国内外语教学改革趋势与翻转教学模式；第四章围绕外语翻转教学的模式展开研究；第五章从外语听力、阅读、写作三个方面研究了外语翻转教学的实践；第六章阐述了外语翻转教学与定制化教学；第七章探索了翻转学习模式下外语教学的挑战。

本书循序渐进、由浅入深，力求以准确与科学的文字进行表述，用理性和科学的态度取代感性和随意性；并且结合大量具有代表性的案例，讲述了翻转学习的理念与外语教学的实践应用。为了拓宽研究思路，丰富理论知识与实践表达，作者阅读了很多相关学科的著作与成功案例，并吸取了大量交叉学科的知识，参考了有关文献，在此对其作者表示衷心的感谢。希望本书能够为学习和研究翻转学习与外语教学的学者同仁提供一些可资借鉴的学术信息。

由于作者水平所限，书中不妥之处，敬请读者批评指正。

作　者

2018 年 7 月

目 录

第一章 翻转学习的兴起与发展

翻转学习是现代先进信息技术和科学学习法相结合的产物，其颠覆了传统教学模式。本章对翻转学习的诞生背景、翻转学习的研究现状、国内外语教学现状与翻转学习、推广翻转教学的意义进行论述。

第一节 翻转学习的诞生背景

一、先行者的探索

翻转课堂的研究与探索需要技术的支持与引导，而高校为其提供了专门的实践与应用环境。本书通过对一些具有一定影响力的翻转课堂理论进行分析与探讨，究其本源，帮助读者更好地认识和了解翻转课堂。这一领域的鼻祖研究者应属哈佛物理学教授埃里克·马祖尔，他提出的同伴互助教学在一定程度上为学生的学习注入了活力，使学生以一种轻松愉悦的状态去接受学习。同伴互助教学认为一个完整的学习过程应包括知识的传递与知识的内化两部分，缺一不可，同时马祖尔教授提出，知识的传递可以依赖于计算机辅助教学来完成，作为教学活动的主导者教师应该侧重于引导学生进行知识内化，促进学生的合作学习。实际的教学实践也证明，这种教学方式可以有效地提高教学效果与学习效率，学生在这种教学方式下可以快速地实现知识的内化。

莫林拉赫等学者以翻转教学为主题发表了《颠倒课堂：建立一个包容性学习环境途径》一文，文中就美国迈阿密大学针对经济学入门课程使用的翻转教学的实际过程以及教学效果进行了详细的论述，即对翻转教学的实际应用做了跟踪调查；同时文中还论述了学生的差异化教学的重要性，对在翻转教学基础上开展差异化教学提出了具体的实施方案，提出用翻转教学引导差异化教学，可满足不同学生的不同需求。

J. 韦斯利·贝克在其《课堂翻转：使用网络课程管理工具（让教师）成为身边的指导》论文中主要指出，应转变传统教学下教师的绝对权威性，让教师成为教学的引导者，这是翻转课堂极力倡导的新型教师角色。同时论文中创新性地提出了网络课程的教学形式，引导教师运用网络教学工具给学生在线分配学习任务，使教师拥有充足的时间参与学生的学习活动，与学生一起进行探讨式、合作化学习。

2000 年威斯康星·麦迪逊大学引进了 eTeach 软件的主流媒体视频并用于计算机科学课程的教学中，该视频具有讲解与 PPT 相结合的教学功能，不仅可增加教师与学生的课堂互动概率，同时在学习方面也给学生创造了更大的灵活性，使学生可以根据自己的实际情况进行观看学习，比如在学生具有强烈的学习欲望时，通常注意力更加集中，这时候结合视频进行学习，学习的效率自然比较高。《翻转课堂在学习环境中的效果：传统课堂和翻转课堂使用智能辅导系统开展学习活动的比较研究》是杰里米·斯特雷耶博士的论文，其研究的主题就是大学的翻转课程设置情况，论文中以统计和微积分课程的讲授为例，通过运用在线课程系统 Blackboard 的交互技术，实现了对事先在线提供给学生的学习任务的课堂讨论，使学生能够有机会参与到项目工作中，同时学生自主地控制视频播放，使得学生一直处于活跃的学习状态。

二、可汗学院的推动

翻转课堂被全球教育领域熟知，与可汗学院的推动密不可分。同时也引发了高等教育慕课的流行。

可汗学院教学视频的持续高关注度，使得萨尔曼·可汗与其创建的可汗学院一时间成为全球化的讨论热点。萨尔曼·可汗在 TED 演讲时，在“用视频变革教育”演讲主题中涉及了相应的翻转课堂教学，这就带动翻转课堂进入了大众教师的视野，得到无数教师的引用；同时可汗学院高质量的教学视频被一些一线教师引用，将其纳入了自己的翻转课堂教学中，由于其精湛的教学讲解技能，在一定程度上保证了教师翻转课堂的教学质量；此外，可汗学院提供的教学视频，满足了一些没有相关视频录制技能的一线教师的需求，节省了教师录制视频所消耗的时间和精力，降低了翻转课堂对学校和教师的要求，为大部分学院和教师实施翻转课堂提供了保障，也进一步推动了翻转课堂的发展与普及。

截至 2009 年，可汗发布的 2000 多个免费在线观看的教学视频有效地促进了学生的学习，尤其是对学习困难的学生来说，它的影响力是巨大的。然而可汗学院的创办并非顺风顺水，巨大的投资压力迫使他不得不关闭可汗学院，转向其他的工作以维持正常生计，就在这时，硅谷投资者约翰·杜尔的妻子安·杜尔给可汗学院提供了第一笔捐助资金，之后比尔·盖茨和梅林达·盖茨基又资助了 150 万美元，同时其一也获得了谷歌的关注，收到共 200 万美元的捐助资金，这丰厚的捐款资金保证了可汗学院的继续运行。这一系列的名人资助，赢得了媒体争相的报道，一时间萨尔曼·可汗和可汗学院成为万众瞩目的对象，尤其对于美国公众来说；同时基于他伟大的教学创举，萨尔曼·可汗也获得了美国在线学习的教父之美称。

名人效应下的可汗学院和其免费在线教学视频受到了越来越多教育行业人士的关注，与此同时，中小学教师也逐渐开始将翻转课堂纳入自己的教学模式中。然而，对于大多数中小学教师来说，翻转课堂的实施并不是那么容易，它需要相关教学视频的支持，这是翻转课堂教学对教师提出的基本要求，简言之就是翻转课堂的实施门槛。但当他们了解到可汗学院的教学视频并看到其如此高的关注度后，就开始将其运用到自己的翻转课堂教学中。教师将可汗视频作为学生课后的家庭作业，让学生在放学后观看，第二天在课堂上鼓励学生进行互动讨论，进而帮助学生完成学习任务；还有的教师直接用在线视频进行授课，教师以指导者的身份对学生不清楚的地方进行及时引导，从而改变了传统模式下教师绝对控制者的角色。

可汗学院是一个教育网站，旨在“让任何人学习任何东西，且是免费的”。学生或任何上网的人，都可以观看网站提供的2400多个视频。该网站的创始人，萨尔曼·可汗，在视频中巧妙地讨论着数学、科学和经济学。可汗教学视频是针对特定的数学概念，进行图表和公式演示，进而展示解决问题的过程。这些视频都是由可汗亲自进行讲解，往往控制在7~10min，浓缩了数学知识的精华；同时可汗将一款可以自动生成练习题的教学软件设计成诸如电子游戏类的竞技软件，具有一定的奖励机制功能，就像学生进行游戏闯关一样，每闯一关就有相应的徽章奖励，学生通过自己的努力学习，成功回答了设置的一系列问题之后，就可以拥有一定数量的徽章，徽章的数量代表了每个学生的能力强弱，因此可以激发学生学习的动力，赢得更多的徽章，获得了学生的羡慕与敬畏。从2010年11月起，劳德森开始在班上使用可汗学院（Khan Academy）的视频教程。起初，劳德森只是将其作为教学的一种辅助机制，对教学进行的有益补充，然而连他自己都没有想到的是，这种教学代替了原有的教学方式，成为教师教学的主力军。可汗教学视频完全颠倒了原有的课堂上教、课后做习题的教学安排。让学生在家观看可汗教学视频进行自主学习，到课堂之上进行习题演练，满足了学生在做习题时，遇到有疑问的地方可以及时获得教师的指导与帮助，而不是像以前那样束手无策，得不到及时的、具体的帮助，就形成疑问的堆积，从而影响学习质量。

翻转课堂教学安排，使得劳德森的学生可以根据自己的实际情况进行自主学习。对一些优秀的孩子，完全可以在完成某一阶段的学习后进行继续学习，不用再像以前一样统一进行课程安排，浪费他们不必要的学习时间，同时班上的大多数学生也有一定程度的进步，超前学习了代数和几何，就连原本基础差的学生也有相当大的改善，大大提高了学生的学习水平。

萨尔曼·可汗及其可汗学院又进行进一步的教学研究，开发了一套可以进行学生学习数据搜集的控制系统，以主动帮助教师更好地利用其提供的教学资源进行教学。这一学习控制系统的开发正是利用比尔和谷歌的资助经费。其学习数据收集功能提供给学生一系列的学习数据反馈，反映了学生的实际学习情况，给教师提供了强有力的教学依据，教师可以根据学习数据有效地开展翻转课堂教学。这一学习系统的实践被用于加州洛斯拉图地区的五到七年级的教学过程中，通过为期一年的实践，洛斯拉图斯地区学校学生的成绩有了显著的提高，这足以证明可汗学院系统翻转课堂的有效性。可汗学院教学网站直接变成了真实的课堂教学工具，不再作为以往的课外辅导网站参与教师的教学，同时使得可汗学院系统与翻转课堂成了两个相辅相成的整体，两者相互促进推动教育事业的发展，当然受众群体绝不仅仅是中小学的教师和学生。2011 年初，人工智能专家、斯坦福大学教授塞巴斯蒂安·斯朗（Sebastian Thrun）在 TED 大会上被萨尔曼·可汗在斗室里制造出的“可汗学院”迷住了。于是，他也依样把他的“人工智能”课搬上了网络。他和同事彼得·诺维格（Peter Norvig）在自家的地下室里架起一块白板，支起一根麦克风，对着摄像机开始了“人工智能”课程的录制。2011 年秋天，有 190 个国家（地区）的 16 万学生在网络上注册了这门课。之后出现的 Facebook 群实现了广大师生的在线讨论，并在大量志愿翻译者的帮助下，这门课程成功地被译成他国语言，数量高达 44 种，成功推动了“人工智能”慕课进入全新的发展阶段。塞巴斯蒂安在 2012 年与两名同伴开设了提供计算机以及人工智能在线课程服务的网站，将其命名为 Udacity 网站。到目前为止，他们成功地实现了数学、科学以及工程等多达 24 门课的在线授课，受众极其广泛，拥有包括 120 多个国家的 75 万名学生的课程使用者。

在斯坦福大学由两名计算机教授创立的 Coursera 以及哈佛和麻省理工联合运行的 Edx 平台出现后，慕课进入了突飞猛进的发展阶段，短短一年的时间，慕课就被越来越多的教师与学生所关注，对传统的高等教育模式产生了深刻的影响。

Coursera 联合创始人之一达芙妮·科勒（Daphne Koller）在《纽约时报》撰写的文章《科技是个性化学习的护照》中谈到，可汗学院对他们实施慕课有很大的启发。

翻转课堂在可汗学院的引领下成为众所周知并广泛使用的课堂教学形式，与此同时，慕课的爆炸性增长推动了大学教育的革新。

三、翻转课堂的发展演进

随着可汗学院和翻转课堂的进一步发展，可汗又想到要吸引更多的学生进入可汗学院进行学习，为此他决定开发更多的趣味性以及富有吸引力的教学资源来实现这一想法。

可汗从以下几点入手丰富自身的教学系统：首先，他想到要想吸引更多的学生，就需要丰富可汗学院的学科种类，通过邀请优秀的、有影响力的教师形成一个教学视频制作团队，在增设学科种类的同时，增加教学视频的互动功能。其次，他从视频播放功能的角度，增加了供学生反复观看或者跳跃观看的功能，使学生可以根据自己的学习情况进行选择性的观看。此外，还开设了视频检索功能，使学生可以进行关键字搜索，大大地方便了学生对教学资源的灵活使用，保留学生的观看记录，并反馈给教师，使教师对学生的学习进展有一个充分的了解，便于有针对性地进行引导。

在可汗学院成功的教学理念的影响下，2012 年，TED 教育频道发布了 TED · ED 教学平台，其运用创意型动画来展示课程内容，同时附加一定量的快速问答选择题、发散性问题以及学习资源链接等，便于学生对知识的学习与掌握，此外，TED · ED 平台还鼓励全球教师提交其优秀的、高质量课程，作为翻转课堂的教学资源被广大师生所利用。另外平台还允许教师根据自己的教学情况与学生的学习进度，整合 TED 视频或者其他的在线教学视频，形成自身的专属网站，供学生观看，同时反映出学生的回答正确率，供教师作相应的进度调整。林地公园高中的贝格曼和萨姆斯两位教师，他们作为翻转课堂的领跑者，认为教学视频只是翻转课堂的组成部分，并不是其主要内容，他们指出翻转课堂的根本重点在于教师如何有效地利用课堂互动时间，而在线视频只是将单向传授的部分知识制成视频，为教师节省了一定的课堂时间，使教师拥有充足的时间与学生进行面对面的互动交流，用于解决一些相对困难的问题。同时翻转课堂还强调学生的知识应用、综合分析以及评估测评等更高层次能力的培养，因此要想更好地实现翻转课堂的教学目标，就需要通过精心设计课堂互动时间，提高教学的效率。

随着课堂的进一步深入，转变教师和学生在学习过程中的身份是影响课堂效果的主要因素。传统的面对面教学中过多地强调教师的主体性，知识的传授围绕教师展开，重视教师的权威性；转变后的教学主体将变为学生，不管是课后的视频学习，还是课堂中的互动交流，都要以学生为主，重视学生的主动性，鼓励学生根据自己的学习情况进行自主的视频观看，并对自己不清楚的知识进行提问，引导学生与教师或者同伴进行相互交流，同时允许学生进行自主发现、主动探索，并对自己发现的新问题、新知识进行自主思考并成功地解决，这种源于学生自主化的学习往往会使学生的学习效率大大提高。

基于翻转学习的学习理念，在实际教学中就不允许过多的班级人数，因为即使对于同一阶段的学习，学生的实际学习情况也参差不齐，这是掌握学习理论下的必然情况，如果班级人数过多，导致教师根本没有办法照顾到每个学生的实际情况，极易忽视那些学习较差的学生，久而久之，那些基础差的学生就会对学习产生厌倦，这违背了翻转学习的最初目的。

翻转课堂的教学视频主要是讲授课程的基础知识和基本概念；课堂上则用于组织活动发展学生高级思维能力。翻转课堂如果课前视频学习没有效率，那么课堂活动设计再好，教师也可能因为学生问题太多而疲于应付。建构主义支持者也曾批评可汗学院倡导的行为主义背景下的掌握学习是把学习变成死记硬背。而从这个层面看，可汗学院恰恰是在行为主义和建构主义之间搭建了一个桥梁。

2013 年的 ISTE（美国国际教育技术协会）大会上，美国利哈伊大学教育学院的教学设计及教学技术教授 Scott Garrigan 博士表示，慕课将要给 K12 带来一场变革。慕课给学习者带来全新的体验。第一，在线教学视频的全面改进：它将视频片段化，视频之间有练习题弹出，帮助学生回顾知识。第二，评判机制优化：机器判分，同学互评，游戏化。第三，它利用社交网络形成更棒的学习氛围。第四，大数据统计能够提供自适应教学反馈。传统教室中，明星教师最多能给 200 名学生上课。而在可汗学院平台，萨尔曼·可汗每次能给成千上万的学生上课。Garrigan 博士说，目前最好的 K12 慕课平台就是可汗学院，他改变了现有教育体系。

萨尔曼·可汗也正在对未来教育体系进行深入的思考。2013 年，在可汗出版的《*The One World School house*》一书中，他提出全世界需要一个提供免费优质教育资源的网络教室，让更多的学习者从中受益。正如可汗学院网站上写着的承诺："让任何人，在任何地方，都得到世界一流的教育。"2013 年，美国加州的特许学校火箭船学校开始了一个新的举措，学校将建立更大更开放的网络教室，里面将配置更多的电脑，可容纳 100 多名学生同时参加在线学习，而学校只为这间教室配备 3 名专任教师和 1 名个性化学习助教。学生将大部分时间集中在网络在线学习。根据学生在线学习的数据统计和分析，教师把有相同问题的学生分别组成学习小组，在教室的旁边参加面对面的直接教学或个别辅导。良好的自主态度是一切学习的根本，这正是翻转课堂带来的最大好处。通过翻转课堂将有越来越多的中小学生接触到在线学习。而借助慕课优质在线课程的吸引力，网络课堂将变得更大，传统课堂则变得更小。

第二节 翻转学习的研究现状

作为"十大信息技术支持的创新教学模式"之一，翻转课堂对课内外时间如何运用进行重新安排，并把学习主动权从教师转移给学生，进而提高课堂教学效益和学生学习成效。因其既关注教师的教，又关注学生的学，同时促进了翻转课堂教学的深化与发展，真正践行了"以学生为中心"的教学理念，因而近年来备受全球教育界学者的关注。截至目前，翻转课堂在多个教育层次的学科实践基础上已涌现出多批成功应用案例。

一、国内翻转课堂研究现状

翻转课堂又称反转课堂、颠倒课堂、翻转教室、颠倒教室。作者查阅中国知网上有关翻转课堂的文章，并以“翻转课堂”和“反转课堂”等分别为篇名检索词进行检索（检索时间为2017年1月），共找到11007条结果。如图1–1、图1–2所示，国内关于翻转课堂的学术研究始于2012年，研究学科主要分布在教育理论与教育管理方面，教学模式、微课、MOOC、教学改革等关键词出现频次较高，说明目前国内翻转课堂研究的热点主要集中在翻转课堂教学模式，翻转课堂与微课、MOOC等新技术资源相结合的教学改革等。

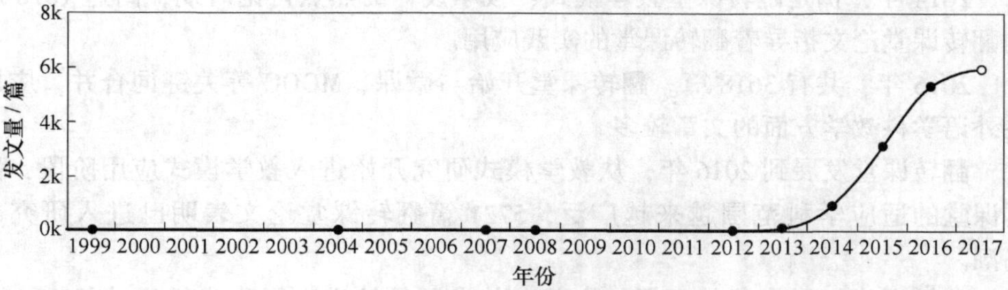

图1–1　翻转课堂总体趋势分析

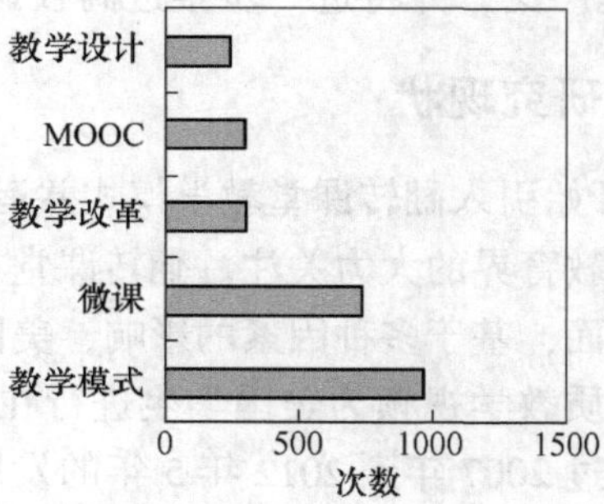

图1–2　相关词出现的频次

在国内翻转课堂的实践方面，重庆市江津聚奎中学于2011年开始翻转课堂的探索。也有学者通过对翻转课堂本质和内涵的研究，认为我国在翻转课堂方面的探索其实更早，如何克抗教授认为：“美国的翻转课堂起源于2007年，而中国的‘跨越式教学’（从其真实内涵和本质特征看，也就是中国的‘翻转课堂’）早在2000年8月份就已经开始了。”

以年份为基准，作者简读文章标题与摘要，总结概括了2012~2016年翻转课堂领域的主要研究内容，具体如下。

2012年，共有19篇题名为“翻转课堂”字样的文章，重庆市江津聚奎中学和江苏苏州电教馆发文量较多，聚奎中学是国内最先探索“翻转课堂”教学模式的中学，已探索出了一套属于本校的“451”翻转教学模式。这一年，文献主要阐述的是翻转课堂的起源、概念、特征等理论研究，处于初级探索阶段，并没有深入研究挖掘其实质。

2013年，关于新技术、新平台的翻转课堂教学模式论文共147篇，首次提出微课程概念。教学模式、教学设计、教学改革成为这一阶段文章的高频词汇，翻转课堂进入师范类高校，其中以华南师范大学专业外语课程为首的教学试验，取得了良好的试验成果，学生的学习成绩较之前取得了很大的进步。

2014年，仍是翻转课堂教学模式、教学设计的热点讨论时期，高达1078篇的翻转课堂论文指导着翻转课堂的实践应用。

2015年，共有3618篇。翻转课堂开始与微课、MOOC等关键词合并，应用在外语学科教学方面的文章较多。

翻转课堂发展到2016年，从教学模式研究开始进入教学模式应用阶段，翻转课堂的适应学科范围越来越广泛，5721篇翻转课堂论文表明已进入研究的高潮。

翻转课堂经过多年的积累与完善，其发展俨然进入了稳步推进的状态，受众群体多为中小学教师与学生。在不久的将来，高校学科的课程教学对翻转课堂的实践应用将会越来越广泛，并将进一步推进高校课程的教育改革。

二、国外翻转课堂研究现状

自2007年起，美国开始引入翻转课堂教学模式并运用到自身的课堂教学中，这一举动引发了全球各地教育界的大力关注。翻转课堂在美国盛行是必然的发展趋势，主要是由于：一方面，基于多种因素的影响，美国高中生在毕业后普遍辍学；另一方面，丰富的优质教学视频为美国学生进行在线学习提供了资源基础，促使翻译课堂的普及。经过2007年到2012年5年的发展，美国的在线观看视频人数由原来的15%增加到30%。

翻转课堂借助于先进的信息技术，在一定程度上满足了学生个性化发展的需求，同时保证了学生的终身学习得以实现，这是推动翻转课堂成为学校教育主流的一大影响因素。

无论在理论探索还是实践应用方面，国外对翻转课堂的研究都要比国内早，成功实施的案例也较多，并且对其他国内外一线教师的翻转课堂实施具有一定的借鉴意义。翻转课堂创始人 Jonathan Bergmann 和 Aaron Sams 在2012年创建了翻转学习网络 FLN，并出版了专著《*Flip Your Classroom*：*Reach Every Student in Every Class Every Day*》，为其他国内外教师开展翻转课堂提供了理论及实践经验。

目前翻转课堂的研究对象主要倾向于经济学、数学机械工程方面，语言类、教育类学科相对较少；在教学设计与教学评价方面还不够完善，缺乏整体性和系统性；对于翻转课堂的理论研究主要集中在课堂问题、学生的积极参与以及个性化学习方面，而对具体的针对学科性的研究较少，还没有做到翻转课堂与对应学科的融合教学，由此可见，对于翻转课堂的研究仍然存在不完善的地方，其研究任重而道远。

第三节　国内外语教学现状与翻转学习

一、国内外语教学现状

虽然近些年来国家和社会对大学外语的关注度越来越高，相应地也取得了一定的发展，但是我国的大学外语教学体系还不够成熟，仍存在许多问题和缺陷，大大阻碍了大学外语的进一步发展。因此只有从源头出发，弄清楚问题和缺陷所在，才能针对性地提出具体解决方案，提高大学英语的教学效率。下面就大学外语的教学现状进行整体的分析和研究。

大学外语教学的问题主要体现在以下几个方面。

（一）教学模式传统单一

传统的外语教学课堂强调教师的主体性与权威性，学生只是作为知识的接受者，被动进行学习，在一定程度上削弱了学生的学习兴趣；外语教学严格按照教材大纲进行知识的传授，缺少一定的灵活性，限制了学生的自由发挥，降低了学生学习的主动性。同时这种注入式的教学方式与师生之间缺乏必要的互动交流使得课堂气氛沉闷枯燥，学生的注意力不能有效地集中，降低了课堂的效率。更重要的是传统的外语教学一味地强调外语基础知识的习得，没有意识到外语综合应用能力对学生能力的影响，缺乏外语情境的教学方式使得学生的语言知识只停留在理论层面，真正到了应用的时候，就变成了哑巴英语。

（二）教学方法不够科学

传统的单一的讲授式教学方法，使得学生成为学习的机器，不断地听课、记重点、做练习只是为了应付阶段性的考试测评，这违背了学习的初衷。社会的飞速发展，使得对人才的需求结构发生了变化，不再需求那些空有滔滔的语言理论知识的人。因此学校培养人才的模式就要发生变革，为适应社会的发展、学生的需求，理应调整传统的教学方法，推陈出新。

大学是全国各地人才聚集的地方，外语基础水平参差不齐。传统的大规模班级统一授课方式完全不能适应各自的差异，导致教师极易忽视学生之间的差异性，课堂教学只是按照统一化的标准，对每个学生的个性化需求视而不见。虽然有的院校认识到了这一点，开设了小班课程授课方式，然而仍然采用传统的单一教学方法，学生的积极性不高，相应的教学质量自然不会太高。

（三）外语教材相对陈旧落后

教材是教师备课、授课的主要依据，决定了教学内容和教学方向，是教师教学、学生学习必不可少的有力工具。但是，我国现有的外语教材中仍然存在着不足之处，制约了外语教学质量，一方面，教材与实际社会相脱离，内容没有得到及时的更新与完善，陈旧的教材不能很好地适应现代化社会发展需求，从而限制了学生的学习效果；另一方面，教材跟不上学生生活的步伐，使得学生对其产生了厌烦枯燥的抵抗情绪，渐渐地就远离了外语学习。因此，设计一本符合现代化社会外语教学的教材对学校来说是重中之重。

（四）师资素质逐渐下降

作为教育教学的主力军，高质量的师资队伍对提高学生的外语水平有着决定性的作用，然而，反观我国目前的师资队伍，紧缺的师资力量满足不了日益增长的招生队伍，导致现有教师沉重的工作压力，甚至有的院校直接聘用研究生来进行授课，缺乏相关教学经验以及自身知识水平的低下，直接影响了外语教学的质量和效率。因此建立一支高质量、高素质的师资队伍是目前大学迫切需要解决的一大难题，这直接关系到大学外语教学的成败。

（五）应试能力被过分推崇

传统外语教学的应试教育倾向，使得学生的学习目的偏向于对知识点以及一些必考单词和语法的学习，学生主要围绕考试题型进行练习，忽视了语言学习的真正目的是应用。相关运用技巧的匮乏使得学生经过10年寒窗苦读的成果直接化为泡影，成为哑巴式英语。由于对学校、对教师的评价也以学生的学习成绩为主，这就使得学校和教师更加关注学生的学习成绩，单一化的评价方式使教师和学生的重心偏离，制约了外语教学的发展。

目前我国大学对学生外语掌握程度的测评主要是依赖于英语四、六级的考试成绩，还有一些各种类型的选拔考试，但是考试的侧重点大致相同，都是以学生的词汇量以及相关语法为考试重点，虽然在一定程度上刺激了学生学习外语的积极性，提高了大学生的外语水平，但是忽视了外语学习的根本目的；同时以学生的四六级通过率来评价教师和学生不免显得有些牵强。

（六）教育管理未被具体落实

教育部门的相关领导已经意识到了传统教学中存在的一些问题，并对其进行深入探讨，提出外语教学改革的相关政策，用于引导公共外语教学的革新。与此同时，许多高校内部也积极地配合相关教育部门进行教学改革，在教育部的指导下制定了相关的措施。

然而，从教育的管理角度来看，在实际的改革中，教师的绝对控制以及考试内容的陈旧死板依旧存在，不能满足学生的个性化需求，使得学生的学习质量平平。

（七）文化教育的重要性被忽视

高等教育国际合作化的发展趋势，使得文化教育在外语教学中的影响力越来越大，对学生多元化的发展起着至关重要的作用，因此在外语的课程教学中应融入文化教学，不仅培养学生的外语文化意识，同时促进学生跨文化交际能力。

在传统的外语教学中，教师缺乏相应的文化意识，过于重视学生外语语言的听说读写译能力。缺乏相应文化知识背景的教学使得学生不能很好地、流利地使用语言进行交际，学生外语水平只是反映了其外语词汇、语音以及语法等这些语言知识的掌握程度。学习语言的根本意义在于交流，而文化作为语言的重要组成部分，如果对其没有充分的了解，那么学生的语言知识只能算作一个空壳。因此，外语的教学不能独立进行，必须结合一定的文化教育，这样才算是完整意义上的外语学习。

（八）多媒体技术未得到充分利用

随着社会的发展和进步，多媒体技术逐渐应用于人们的生活中，网络外语学习软件也逐步推广开来，多媒体和网络技术已经运用到教学的各个领域，为课堂教学注入了新的活力。多媒体课件的使用推动了师生身份的互换，由原来教师主体转变为学生主体。同时多媒体技术实现了多样化的内容传递，不再仅限于传统的文本形式，而是增添了图像、音频，扩大了信息传递的范围，满足了所有学生对知识的获取，学生的学习兴趣也因此被激发出来，主动参与课堂的互动。

二、翻转课堂与传统课堂的对接

随着外语教学改革在全国范围内全面实施，尤其是素质教育的全面深入推进，要求进一步培养学生的科学素养，满足全体学生的终身发展需要，在课程实施中注重学生的自主学习，在教学方法上提倡多样化，对教师提出了更高的要求和期盼。外语教师必须及时更新自身的传统教育观念，并尊重学生学习的主体性地位，做好学生学习过程中的引导者和合作者，促进学生的学习。

翻转课堂的巨大影响力获得了国内多位顶级教育专家的大力支持，并积极开展了在信息环境下翻转课堂的一系列教学实践。然而在翻转课堂大力普及中国学校的同时，必须引起人们注意的是翻转课堂并没有推动国内学校的突飞猛进，这不能不引人反思。

（一）学校作息时间安排问题

外语翻转课堂教学模式需要学生在课后花较多的时间自主学习，需要学校在教学时间的安排上做出适当调整。在翻转课堂教学中，教师不应占用学生过多的课余时间，应该让学生有充足的时间自主学习。对于没有设置晚自习的学校，教师应极力保证学生观看教学视频以及进行针对性练习的课后时间，相应地减少课后作业任务；对于安排晚自习的学校来说，教师也应该引导学生在晚自习时完成对翻转课堂的课前准备学习，而不是占用晚自习时间去讲课或者让学生做作业。

（二）学科的适用性问题

并不是所有的学科都适用翻转课堂，这要根据学科的本质属性来判断。在国外，翻转课程大多应用于数学、工程等理科类课程教学，而很少用于外语、历史等文科类的课程，这是因为理科的教学特点是针对具体的概念、公式进行授课，知识点相对明确，这样的课程才有利于翻转课堂的实施。文科课程的教学相对烦琐，较多的学科内容并不适合翻转课堂的运用；同时文科类的课程在教学过程中重视师生之间的灵魂交流与沟通，这是翻转课堂实现不了的。

因此，基于外语教学的特点，要想实施的翻转课堂取得良好的教学效果，需要教师进行深入研究，提高教学视频的质量；同时将需要单向传授的外语基本知识点以及相关理论制作成教学视频供学生观看学习，鼓励学生在课后进行自主学习，通过相关外语资料实现对知识的理解，在课堂上与教师和同伴进行互动交流，对于自己有疑问的知识进行提问，以促进学生深刻地理解知识，从而形成知识的内化。

综上所述，翻转式教学不是一个单一的概念，需要结合不同学科的教学特点进行翻转课堂设计；同时建立相应的反馈机制，发现翻转课堂不合理、不适应的内容，及时进行调整，以有效地推进教学的改革进程。

（三）教学过程中信息技术的支持

教学视频的制作、教学视频的播放以及个性化、合作化的学习平台，都离不开计算机多媒体技术，而这些都是实施翻转课堂的必要条件，由此可以看出，翻转课堂依赖于信息技术的支持。

从信息技术的角度来看，我国学校在线教学的开展离不开网络宽带的配置，网络速度影响着在线观看视频的质量。因此，要想提高翻转课堂的效率，就必须配置高性能的服务器、增大网络带宽的接入量，有条件的学校实现校园 WiFi 无死角覆盖等。学校应考虑所有学生的经济基础，为那些缺乏硬件设施的学生提供相应的设备支持，实施学校机房的全天开放，做到让学生在校园内随时可以进行网络学习。

教学视频制作的质量对学生的课后学习效果有着重要的影响。从前期的拍摄到后期的剪辑需要有专业人士的技术支持，不同学科的视频设计也应有不同的风格。实施翻转课堂教学实验的学校需要给授课教师提供技术上的支持，并且对视频从设计到制作再到发布形成流程，为后续教学视频的制作提供经验。

此外，决定翻转课堂成功与否的一个重要因素是师生、生生之间的交流程度。利用信息技术为学生构建个性化与协作化的学习环境至关重要，其中涉及网络教学平台的支持。通过平台学生可以根据自己的学习能力和需求制订学习计划，教师可以根据学生的反馈设计不同的教学策略。

（四）对教师专业能力的挑战

在翻转课堂的实施过程中，教学视频录制的质量、与学生进行交流讨论合作学习的指导、课前学习任务的设计、学习时间的安排、课堂活动的设计和组织，这些需要教师来做的事情都对学生的学习效果有着重要的影响。
教师的教育理念、教学理论水平以及教育专业研究能力都对翻转教学的质量产生影响，因此对教师进行相关方面的培训，转变教师传统的教育观念，对翻转课堂的有效实施是十分重要的。教师应充分尊重学生的主体地位，以学生为中心，重视学生的差异性，满足学生个性化需求；同时教师的信息技术素质也同样重要，它可保证教师制作视频的整体质量，避免呆板无趣、单调统一的讲述形式。在网络平台的教学过程中，教师应鼓励学生进行积极互动，发挥协作式学习的作用。此外，教师应根据学科的特点来设计相关项目的探究式学习任务，充分激发学生的学习兴趣，使学生积极主动地参与问题探究。

（五）对学生的自主学习能力和信息素养的要求提高

学生自主学习能力以及相应的信息素养对学生的学习质量有着极大的影响作用。首先，学生的自主学习能力影响着翻转课堂的课前准备环节，利用在线视频了解课程学习的内容，同时根据在线视频自己完成课前练习，并标记自己有疑问的知识点，对自己的学习时间进行灵活、合理的安排，这些都是基于学生自身的自主学习能力。其次，学生通过网络进行信息资源检索，利用网络教学平台实现师生、学生间互动交流，这些都取决于学生自身的信息素养。由此可见，学生只有具备较高的自主学习能力以及信息素养，才能更好地支配自身的学习行为，保证自主学习有效进行。同时，还需要传授给学生相应的教材阅读方法、微课的观看方式、重点标注、合作学习以及交流沟通的技巧，帮助学生顺利地实现自主学习，提升自主学习的效率。

（六）教学评价方式的改变

放弃传统的闭卷考试测评的评价方式，对学生进行合作能力、组织能力、表达能力以及管理能力的综合测评，这样才能全面反映出学生的综合学习效果，这就需要教师建立健全评价体系，实施多样化的评价指标。在对学生的评价中，多对学生进行过程性和发展性的评价，注重对学生的情感、态度和价值观等方面的评价。

第四节 推广翻转教学的意义

教师将所要讲授的知识以及相关理论制作成视频，供学生在家中进行自主学习，将作业以及互动交流放在课堂之上，这种教学模式就是所说的翻转课堂。其促进了师生身份的转变，保证了学生在学习过程中的主体地位。

一、"翻转"由教师的"教"变成了学生的"学"

传统教学课程以大规模的班级授课制为主要形式，依靠教师的讲解进行知识的获取与习得，学生作为聆听者，必须依赖教师才能相应地完成学习任务。翻转课堂的引进转变了学生这一被动的局面。在线教学视频使得学生可以根据自身的情况，在注意力最佳的状态安排学习，同时家中的自主学习氛围相对来说比较轻松，可以完全按照学生自身的意愿开展，由学生控制自己的学习进度，根据自身的学习情况随意调整观看的视频内容，同时也方便学生进行重点笔记。同时学生可以利用聊天软件与教师或者学生进行实时交流，对自己不明白、不清楚的知识点向教师求助，及时得到教师的指导，促进学生对知识的理解与掌握。在课堂上，教师可以对知识的重点和难点进行强调，面对面地讨论相关问题，帮助学生完善自身的知识结构。

二、"翻转"提升了学习中的互动

翻转课堂留给教师和学生充足的课堂互动时间，可以增加师生、学生之间的交流沟通。

教师可以利用充足的课堂时间与学生进行面对面的交流，对学生的疑问之处进行针对性的指导，同时将原本的课后作业放到课堂之上，可以在学生出现困难的时候提供及时的点拨；此外，教师还可以组织有共同问题的学生成立辅导小组，对其进行集中的讲解与指导，力求做到及时、准确，有效地提高学习效率。

翻转课堂转变了教师原有的知识传授者的身份，教师作为一名学习的指导者参与学生的互动交流，有机会发现学生之间的合作学习；学生可以自主成立学习协作小组，相互之间合作交流、互帮互助、共同进步。这种合作学习的精神会使教师充分地尊重学生的主体地位，同时作为学习的引导者，教师应在发现学生出现问题的时候进行及时引导。

这种学习方式，可以使师生之间形成友好的合作伙伴关系，不再是以前的指令发布者和指令接收者，打破了教师的绝对权威性。教师和学生相互尊重、相互理解，这种和谐友好的关系会进一步促进学生进行主动学习，可在维持课堂秩序的同时提高教学质量。

第二章　翻转课堂的理念与教学认知

翻转课堂这种教学模式在国外被越来越多的学校所接受，这种模式旨在充分利用课堂时间，实现个性化学习，推动学生自主学习能力和合作意识的发展，并逐渐成为教育教学改革的一股新浪潮。本章以翻转课堂的理念为基础，解读国内教学模式与国外教学理论。

第一节　翻转课堂的理念

一、翻转课堂的内涵

翻转课堂（flipped classroom 或 inverted classroom）作为一种新的教学模式，是对开放教育资源运动反思的结果，其一经提出，便在教育界引发了热议。2012年，艾伦·萨姆（Aaron Sam）和乔纳森·伯格曼（Jonathan Bergmann）创建了非营利的 FLN（Flipped Learning Network）翻转学习网，为研究者和教育者提供成功实施翻转课堂的相关知识、技巧和资源，为各个领域的相关研究提供合作与分享的平台。

（一）翻转课堂的概念

纵观近年来西方针对翻转课堂教学法的理论与实践研究，对其定义主要有以下几种。

拉盖特（Lageet）等的定义最为简单。他们认为，当本应发生在课堂外的事件发生在课堂上，而本应发生在课堂教学时的事件发生在课外时，课堂就被“翻转”了。所谓被“翻转”了的“教学事件”体现在传统课堂教学模式下，课内学生通过教师授课学习知识点，课外完成习题及解决问题；在翻转课堂教学模式下课内学生完成习题及解决问题，课外学生通过观看视频学习知识点。

虽然这一释义很好地抓住了“翻转”这个核心词汇，却没能更好地体现出“翻转课堂”教学实践的精髓，它的局限性在于把“翻转课堂”单纯地看成了课堂教学与课外活动的重新排序，这显然是片面的。

哈姆丹（Hamdanet）等的阐述更为全面。他们指出，在“翻转”的学习环境中，教师为学生们提供授课视频，方便他们随时随地、反复多次地观看及学习，从而使他们成为更高效的学习者。因为知识的直接教授过程从课内转移到了课外，教师就可以利用课内的时间引导学生积极参与学习过程，为他们提供个性化的辅导和支持。

美国富兰克林学院的 Robert Talbert 总结了翻转课堂的实施结构模型，接受度较高：课前学生观看教学视频，进行针对性的课前练习，在课上有快速少量的测评，教师解决问题，促进知识内化，最后做出总结、反馈。

更多学者从协作式学习和以“学习者为中心”的学习理论出发，认同翻转课堂是对于课程教学的一种延伸。其定义的“翻转”为：课内提问与回答，基于小组的、或开放式的，以解决问题为中心的活动；课外观看视频，完成由封闭式题型组成的小测验和练习。

翻转课堂教学法的成功应用主要取决于两个方面：一是视频的质量，它是否传达了课程的核心教学目标，是否能够吸引学生注意，激发他们的学习兴趣，是否能够拓展学生思维的广度和深度。因此，一般来说，教师自己动手制作的视频资料能够保证其针对性和有效性。若要采用网络上的公开视频资源，教师需要事先观看，并对资源进行相应的修改和调整，才能获得最好的教学效果。当然，从广义上讲，教师采用翻转课堂教学模式时提供的学习资源并不仅仅局限于教学视频，也可以是阅读材料或者其他资源。二是课堂活动的设计，当知识点讲授不再是课堂教学的主题时，很多教师觉得无所适从，他们要将重点逐步转移到活动与任务的设计上。斯宾塞（Spencer），沃夫（Wolf）和萨姆斯（Sams）就针对翻转课堂的课内活动设计给出了如下注解。

（1）它必须有助于学生理解教学目标。

（2）它必须有助于学生对所学知识进行加工处理，并应用于解决真实世界存在的问题。

（3）它必须起到约束学生的作用但又要具备一定的灵活性，以便学生对知识进行加工、再创造成为对他们有意义的东西。这些课内活动大致包含学生自创内容、独立解决问题、探索性活动和基于项目的学习这四个因素。

当然，对于翻转课堂的理解也存在着不少的误区，有人把它等同于在线视频、在线课程，认为视频将彻底取代教师的位置，而学生的学习是孤立的、无框架的。作为翻转课堂最早的实践者，伯格曼（Bergmann）和萨姆斯（Sams）列举了翻转课堂的几点特性，以证明其作为教学法的可行性。在他们看来，翻转课堂是：

（1）增加师生互动交流的手段。

（2）促使学生为自己的学习负责的教学环境。

（3）教师从“讲台上的圣人”成为“身边的导师”的身份转变。

(4) 直接教学法与建构主义学习理念的融合。

(5) 学生即使因为生病或参与课外活动而缺课也能跟上进度的特殊课堂。

(6) 使得教学资源得以妥善保存、随时为学生所用的秘诀。

(7) 学生全身心投入的学习过程。

(8) 为学生提供个性化教育的捷径。

(二) 翻转课堂的特点

翻转课堂强调师生互动、生生互动,重视基于问题、基于资源的自主学习与协作探究,特别注重知识的获取过程,而非教师的传授。翻转课堂其实是一种"先学后议"的形式,高效利用有限的课堂时间进行学习经验的交流,进行观点的碰撞,进而深化学生的认知。翻转课堂的特点如下。

1. 改变了课堂时间的使用方式

传统上由教师直接教授的内容以其他形式(如视频)呈现给学习者,他们可以自己在课外学习并理解;而课堂时间用于讨论、完成项目或解决问题,教师协助学生将所学的理念应用于解决实际问题。

2. 改变了课外时间的利用途径

学习者的课外时间是通过观看教学视频进行识记、理解与梳理知识点等认知活动。

3. 改变了课堂的用途

课堂上的重点是同伴互动、师生互动、实际处理问题的能力培养等。学习者所做的是应用、分析、评价和创新。

4. 多种技术的应用

多种技术包括视频和在线自动回应系统。很多学者指出,视频并非翻转课堂的必需组成部分,但是不可否认,视频的呈现方式比较直接,最容易让学习者厘清知识点。此外,教师也可以通过学习平台便捷地共享视频等教学资源。

5. 改变了互动形式

师生、生生互动发生了明显的变化,从实体的教室转移到了线上线下的立体空间。

二、翻转课堂理论基础

(一) 翻转课堂与主动学习理论(active learning)

从广义上来说,主动学习是指在教师的指导下,学生积极地参与到阅读、写作、讨论、聆听和反思等教学环节中。为了与教师主导型课堂进行区分,普林斯(Prince)排除了传统课堂中最常见的听讲、记笔记、阅读等学习活动,把主动学习定义为合作学习和基于问题的学习法的拓展。他指出，主动学习能够明显提高学生的长短期记忆、增强他们对于概念的理解并提升他们的学术表现。

在翻转课堂模式中，师生以及学生间见面的机会减少，面对面反馈的机会也减少了，即使有 e-mail 或是在线聊天，相互间的熟悉程度与互动都会减少，如何积极学习就更为重要。在线学习时非常关键的因素是增加学习者之间互动的场景，有助于学习者专注于学习的主题，并提高分析问题的能力。

（二）翻转课堂与 5C 能力培育（5C competences）

高等教育领域培养的目标不仅是人才的学科知识积累，高校也需要培养学生的社会应用能力，从团队合作与交流能力到创新能力等都需要在课内外的实践中得到提升。

1. Communication——交流能力

交流能力是指呈现自己的观点，与他人交换意见并反思的能力。研究表明，有效交流、学习者成就和学习者对教学的满意度之间有密切联系。在翻转课堂的讨论环节，学习者在不同层面上开展师生、生生互动，包括在线交流、课堂交流和实地调研时的交流等。学习者基于事件、基于任务，在不同的场景中，充分运用课前预先学习的知识点和预先搜集的资料进行商讨，有助于提升他们的交流能力。

2. Collaboration——协作能力

协作能力是通过小组活动达到某种共同目标的能力。几乎没什么工作仅是凭个人力量就能完成的，很多项目必须借助小组合作的力量才能完成。在翻转课堂模式下，教师会采用各种策略来推动学习者协作能力的提升。

3. Critical Thinking——思辨能力

思辨能力是一种认知过程，涉及对问题和概念的理解，提取结论，通过分析和判断后提出解决方案。教育的功能就是要培养学生理解并判断复杂信息，进而做出正确决定的能力。学生在发展其思辨能力时，会采用各种恰当的措施，例如界定并澄清议题（找出问题的核心所在，对异同进行比较，对相关信息进行梳理，确定议题），判断信息的相关性（辨别哪些是事实、哪些是观点、哪些是推论，审视信息的连贯性，抽取未陈述的预设，辨认固有陈旧的信息，排除偏见和情感因素，辨别不同的价值和意识），在得出结论的同时能解决问题（对信息的正确性进行判断并对可能的结果进行预测）。

在翻转课堂的课前步骤中，学生须从预先观看的视频和其他材料中界定并澄清议题，通过多种途径收集相关补充资料，通过在线互动判断信息的相关性，通过建构证明体系来解决问题，最后在课堂讨论中得出结论并提出解决问题的方案。

4. Complex Problem Solving——复杂问题的处理能力

复杂问题的处理能力是指学生运用已有的知识，基于他们对问题的理解提出解决方案的能力。有学者建议，这种能力包括一系列的过程：鉴定问题、呈现问题、选择策略、实施策略和结果评测等。在对结果进行评测后，学习者需要有能力解释他们的思维逻辑。在翻转课堂模式下，教师首先要设置难度适中的问题或任务，训练学习者的处理思路，并在讨论中让他们有机会综合借鉴后得出最佳方案。

5. Creativity——创新能力

创新能力是指经过提炼并改善后采用其他方式解决问题的能力。创新能力是一个复杂的认知过程，受内外环境的影响，需要有某一领域的丰富知识作为基础，以个体或团队的想象力作为激发起始点。许多研究人员把创新能力看作是一个富有成效的探索过程。如果教师设计出创新型的任务（例如设计一个主题英文网站），学习者可以各展所长、各尽其才做好各种准备，在课堂讨论时才会并发出更大的创新力。

上述5C能力其实密切相关，也和翻转课堂的每一个步骤密切相关，同时要求教师在设计任务时充分考虑如何培养学生的这些能力。

（三）翻转课堂与掌握学习理论（mastery learning）

掌握学习理论是翻转课堂的重要理论基石。布鲁姆（Bloom）关于与一对一个别教学方法等效的群体教学方法的研究向传统的所谓学生学习能力呈正态分布理论发起了挑战。他提出的掌握学习理论引发了新的学习观。他认为，只要提供恰当的材料并给每个学生以适度的帮助和充分的时间（即学习机会），那么世界上任何人都能达到学习目标、完成学习任务。若给予足够的时间以及明确的标准，并且能够获得及时帮助，则所有学生都能够学好。通过一系列实验，Bloom得出影响学业成绩的三个主要变量：认知准备状态、情感前提和教学质量。

掌握学习理论和传统学习理论最大的差异在于：在对学生的学习结果进行测试之后，教师将对学生的知识掌握情况做出评估，给掌握良好的学生提供更富挑战性的学习机会，对于掌握不佳的学生则给予进一步持续性的辅导。研究表明，掌握不佳的学生都能通过在一至两天后进行的第二次测试。因此，这种教学方式最大的好处就是不让任何一个学生“掉队”，大大缩小所谓“优等生”和“学困生”之间的差距。

翻转课堂教学法在很多方面都符合Bloom提出的这一教学模型。首先，翻转课堂给予学生充足的时间，他们可以随时多次地观看视频，并在重点难点处停顿思考。其次，与视频配套的练习构成了形成性测试，给了学生反馈学习情况的机会；学生给教师的反馈是最有价值的，是教师了解学生学习情况的前提。最后，被解放出来的课堂时间可以用作个别化辅导，教师可以针对学生的知识掌握情况，提出复习巩固教学内容的建议，即完成“矫正”环节。教师对于学生学习的这种“矫正”颇为珍贵，学生可以根据教师的指点去挑战更高的学习目标。

（四）翻转课堂与学习风格理论（learning style）

学习风格理论以学习者拥有独特的学习风格为出发点。学习风格，是学习者个体在长期的学习过程中受多种因素影响逐步形成的相对稳定的学习方式偏好。它的形成与个体的人格特质、教育背景、生长环境有直接和间接的相关性。学习风格的差异影响学习策略的取舍、信息接收及信息加工的方式。在经验学习理论的基础上，可以根据不同的学习风格将学习者分成四类：擅长将理论应用于实践的同化学习风格者、富有想象力的异化学习风格者、善于运用归纳法构建理论模型的归纳学习风格者和行动力极佳的适应型学习风格者。应用符合学习者学习风格的教学方法可极大地提高教学效率，提高教育产出。

传统课堂统一的授课时间、一致的讲授模式、相同的课后练习，不但限制了各种学习风格者的发展，也限制了教师的发挥。而翻转课堂教学模式的出现或许能够消除这一课堂教学的局限性，真正实现因材施教。

第二节 国内教学模式与国外教学理论的解读

国内教学模式以及国外教学理论发展至今已有许多类型，本节重点论述国内的“自主学习”教学模式以及国外的“自主学习”理论。

一、国内的“自主学习”教学模式

最早正式介绍国外关于“自主学习”研究动态的是刘根平、刘道溶，他们主要引入的是 Boud 的观点：自主（autonomy）不仅是一种教育目标，也是一种教育实践的方法。在 1990 年之后的将近 10 年中，对于“自主学习”的研究接近空白。大规模的研究是在 2000 年之后，全国大学外语教学改革更促进了对学习者自主性的探索。研究的类型或为思辨性或为实证性，其分析的视角大致可以分为以下三种模式。

（一）技术视角研究模式

“自主性”被认为是在独立学习环境中（例如自学中心）的学习技能。从技术的视角来看，语言环境其实就是按字面理解：语言学习的周围环境，以自学中心最为典型。这种研究模式侧重学习环境，在较早期，国内有大量的关于网络环境下的自主学习的研究。稍后期才有学者开始分析自主学习中心存在的问题，如张淳指出了设备利用率偏低，软件、硬件设计不完善，以及学习资料不够丰富等。近期主要是将网络、自主与课堂授课相结合的研究。

（二）心理视角研究模式

“自主性”被认为是个体特征的组合，其元素包括态度、能力、学习策略和风格。从心理化视角分析，语言学习被放在广义的大环境中，也就是说语言学习不仅仅是所处的直接场景，而且是处于外语与第二语言环境。这种研究模式侧重于学习者的特征。庞维国将自主学习定义为“能学”“想学”“会学”和“坚持学”。华维芬考察了学习动机和自主学习的关系。而占更大比例的研究焦点是自主能力的培养：如徐锦芬等，印辉、何莲珍等，王志茹等。李芳研究了感知学习风格的外语自主学习。这些或思辨或实证的研究主要围绕人的因素进行探讨。

（三）社会与文化视角研究模式

“自主性”被认为是通过与有较强能力的中介个体在特定的场景中社交互动而获得的一种自我调节。从社会文化的视角分析，在特定语言环境中，学习者具有与其他有较强能力的个体互动，并通过自我调节控制自己学习的能力。这种研究模式侧重于学习者所处的大环境。例如，国内的四六级考试，服从师道权威的传统。这些研究对国内的语言学习环境已有涉猎，但尚未形成一种能够有效改善大环境的模式。

二、国外的“自主”教学理论

从现有的学术论文和专著来看，西方外语界对“autonomy”（自主）的研究始于 20 世纪 70 年代中期，研究范畴多元而且细化，具有借鉴价值，主要包括以下几种：

（1）autonomous learning（自主学习）。

（2）learner autonomy（学习者自主）：Harding-Esch，1976；Holec，1981；Riley，1985；Wenden，1991；Dickinson，1992。

（3）self-instructed learning（自我指导式学习）：Dickinson，1987；Candy，1991；Little，1991。

（4）self - directed learning（自我导向式学习）：Harding - Esch，1976；Holec，1988。

（5）self - access systems（自获资源系统）：Riley，1985；Esch，1994；Gardner & Miller，1994，1999。

(一) Autonomy/Autonomous Learning 自主/自主学习

对“autonomy”研究最具代表性的人物霍勒克(Holec)将语言学习中的“autonomy”定义为一种能力(ability)。Little 的定义也是“能力”,但使用了“capacity”一词,将之视为一种个人特征。而“autonomous learning”就是学习者在主观上愿意学习,并且有能力自己控制并安排学习。在实践中,“autonomy”意味着学习者高度的自由,但不是要求教师放弃所有的主动性和管理权。学习者如果绝对地完全与他人脱离,就不是自主而是“孤独症”(autism)。

利特尔伍德(Littlewood)认为“autonomy”是学习者独立做出选择的能力和意愿。能力,即能为自己的学习做出选择,并具备实现这个选择的技巧;意愿,即对自己的选择负责所需的动机和信心。因此,自主学习既是一种学习态度,也是一种学习能力。在外语教学中,就是鼓励学习者最大限度地为自己的学习负责,对学什么和如何学做出决策,并且在学习过程中不断反思并做出调整,努力实现自己的目标,直至具备终身学习的能力。

鲁南(Nunan)和迪金森(Dickinson)认为完全自主的学习者能够独立于课堂教学之外,独立于教师和课本之外来进行学习;但是“完全自主”很可能只是一种理想化的状态,所以在真实世界中是两个极端之间的连续统一体,学生的学习自主性总是处于该连续统一体中的某个位置。

综上所述,“autonomy”代表了一种能力,而这种能力又可以从不同角度进行进一步分析。

(二) Self-instructed Learning 自我指导式学习

Dickinson 对“self-instruction”的定义是:学习者在没有教师直接控制的场景下学习,可以是独自学习,也可以是和他人一起学习。“self-instruction”并不意味着不需要教师的存在,而是在课堂中创造一种更灵活的模式。例如,教师只利用一部分时间进行教学,其余时间通过其他途径辅助学习者学习。这样既能照顾到学习者的不同需求,也保障了学习者自我指导的权利。

利特(Little)指出“自我指导”不等同于“自主性”。有些学习者确实通过自我指导的方式达到了高度的自主性,但事实上很多学习者并没有达到这个程度。

(三) Serf-directed Learning 自我导向式学习

国内学者很少针对“self-directed learning”进行研究,仅在部分文献中将其罗列为“自主学习”的众多译法之一。但是这个术语在西方学术界是和“autonomy”息息相关的一个重要理念。最早且最为广泛研究“self-directed learning”

的是美国的学者。鲁宾（Rubin），霍利克（Holec）和肯迪（Candy）等人描述了自我导向性语言学习者的特征：拥有自己的学习风格，用宽容开朗的方式接近目标语言，能运用高技术来应付语言，并愿意在真实环境中使用目标语言，同时具有测试和修订跟目标语言相关的备择策略。自我导向式要求学习者正确评估并且积极管理学习目标、行为、环境和成果。由此看出，多数学者将“self-directed learning”看作是如何学习的过程。

Dickinson 有其独特的理解，“self-directg”既非“过程”，也非“能力”，其指向为“态度”（attitude）。Dickinson 对此非常形象地举例加以说明：业主对住所的责任是保持其状况良好，没有漏水，没有水管结冰，也没有朽木。业主可以选择如何承担这些责任：全部自己承担；也可以找专业人士；或者自己检查，并找专业人士维修保养。自我导向式学习就类似这种情况，学习者的责任在于对学习作出决策，但不一定实施这些决策，可以寻求专家的帮助或建议。因此，一个自我导向型的学习者就是负责管理自己的学习，如果该学习者亲自完成了所有的任务，那么他就是一个自主学习者。Holec 也持有相似观点：虽然“自我导向式学习”意味着该个体是具有自主性的，但是在学习时却并不一定应用这种能力。

（四）Self-access Learning 自获资源式学习

“self-access leaning”是学习模式中的一种，被加德纳（Gardner）和米勒（Miller）称为是促进“自主”最为普遍、最获认可的方式，表示学习者对学习资料（和设备）加以组织，达到有效利用的目的。该模式中，学习者可以是教师导向型，也可以是自我导向型。一个自我导向型的学习者可以采用传统的以教师为中心的课堂教学模式，也可能采用任何一种自我指导的模式。因此，“自获资源式学习”仅涉及学习的内容和途径，和“具有自主性的学习者”没有必然的因果关系。

三、“自主”理论在国内的本土化发展

从理论与实践的发展看，国内所指称的“自主学习”更接近于“self-instructed learning”（自我指导式学习）。

从术语的原意看，“autonomy”描述的是能力；“autonomous learning”强调学习者对自己学习过程中各方面有负责的态度；而“self-instruction”是一种场景。在国内的实践中，一方面，教师只将一部分课堂教学时间用于讲授，重点从语言点讲解转移到自主观念引导和自我指导式学习策略的实训；学习者在管理学习上有较大责任，如控制学习节奏、时间、地点等。另一方面，学习者通过其他途径，按照自己的进度和水平自行获取知识或技能。这样的模式显然没有达到“自主”，而只是体现了一种对自主的意向。

第三章　国内外语教学改革趋势与翻转教学模式分析

我国大学外语教学不断创新与发展，已经取得了丰硕的成果。对教学理论、教学内容的更新使得我国的大学英语教学步伐处于社会的前沿，同时教学方式、教学实践的变革使得教学质量和学习效果都有大大地提高。然而时代的脚步永不停歇，对大学外语教学的要求只会更高，因此对新媒体时代下的大学外语教学改革有一个整体的论述是十分重要且必要的，这能使我们更好地进行下一阶段的大学外语教学革新。本章先对改革的原则以及理论依据进行讨论，总结性地提出对大学外语教学改革的总体趋势与要求，最后分析常见的翻转课堂模式。

第一节　国内外语教学改革原则与依据

大学外语教学改革并不是毫无依据可循的，而是要遵照一定的规则和理据展开。本节介绍外语教学改革中常见的一些原则和依据。

一、国内外语教学改革原则

（一）以学生为中心原则

教师必须结合学生的实际需求，围绕学生来开展教学活动；尊重学生的主体地位，使教学成为一种学生主动建构的过程；改变传统的学生作为被动接受者的身份，鼓励学生自主发现、自主探索的独立学习过程，培养学生的自主学习能力，这是现代外语教学的首要原则。具体来讲，教师要做到如下几点：

第一，教学方案的制订必须基于学生的认知水平，保证学生能够有效地接受与运用知识。

第二，结合学生的实际需求编写教材内容，对不符合学生需求的内容进行及时的调整与完善。

第三，课前备课是教师组织教学活动的有力保障，要做好对教学内容、教学流程、教学方式的课前准备工作，同时还要考虑如何应对突发情况。

第四，根据学生的学习特点，选择合适的教学方法，力求激发学生学习兴趣，吸引学生的注意力，使学生全神贯注地融入教学活动中。

第五，教师需充分发挥自身的引导与调控功能，给予学生及时的引导与帮助，多用鼓励、赞扬的正面引导激励学生奋力前行。

（二）循序渐进原则

具体来说，外语教学的循序渐进原则应该做到如下三点。

1. 口语向书面语过渡

口语和书面语是构成语言学习的两种形式，追溯语言的发展源头，从几十万年前说起，人们在劳动过程中已经会用语言进行交流，表达自己的想法了，而文字的出现远比口语要晚，因此学生在语言学习的过程中，也是先口语后书面，教师应先训练学生的听说能力，而后再过渡到读写方面，这同时也符合学生的学习心理，使学生循序渐进地进行知识的学习、能力的拓展。

一般口语化的英语词汇与句子都比较简单易学，涉及的都是日常生活中的常用语，学生通过一段时间的学习，可以很快地掌握口语交际能力，并使用口语进行日常生活的交流。

2. 听、说技能向读、写技能过渡

在外语学习的起始阶段，教师应对学生的听、说能力进行重点培养，使学生在掌握了正确的发音以及基本的词汇以后再进行读、写训练，这样的一个循序渐进过程使得学生能在扎实的英语基础知识上进行更高层次的能力培养，有利于学生知识的理解与吸收。同时先听说、后读写也符合学生学习的惯性思维，使学生一步一个脚印地稳扎稳打，为以后的外语综合能力的培养打好基础。

3. 各种能力不断强化

外语能力的学习过程是一个螺旋式上升的过程，新旧知识之间往往环环相扣、息息相关，因此教师应抓住这一特点，从学生已有的知识结构出发，以旧带新，经过不断的训练，使学生掌握新知识、新技能。

（三）兴趣原则

教师应从以下几点来激发学生的学习兴趣。

第一，教师应充分地了解学生的兴趣所在，围绕学生的兴趣开展教学活动，这样才能使学生积极地参与到学习中去。

第二，教师在学生取得进步时应予以鼓励和支持，不仅可以增加学生的信心，同时对学生产生一个激励作用，使得学生更加发奋努力地学习。

第三，教师自身的个性化特点能有效地吸引学生的注意力，使得学生对这个教师所教的课程产生好感，进而对相应的课程提起兴趣，主动地投入学习之中。

第四，教师应采用多样化的教学方法，交替使用来刺激学生的不同感官，使学生时刻保持注意力，集中精力进行知识学习，提升学习效果。

第五，运用形成性评价与综合性评价相结合的评价方式，重视学习过程的评价，使学生享受学习过程带来的成就感，从而更加主动地进行知识的发现与探索。

（四）灵活性原则

语言不是一门刻板机械的学科，它是一个充满活力、不断前进的开放化学习，因此也不能用僵硬的教学方式来学习语言。在语言的学习过程中，应结合一定的灵活性，根据学生的兴趣进行开放式的教学，具体体现在以下几个方面。

1. 运用灵活的教学方法

在语言教学过程中，教师教学方法的选择应具体到特定的教学内容以及具体的基础知识教学中，根据不同语言知识的教学特点灵活地选择合适的教学方法，使得课堂教学发挥其最大的效益，帮助学生进行语音、词汇、语法以及其他语言技能的学习。

2. 引导学生采用灵活的学习方法

学生学习方法的灵活性主要体现在学生基于自身的生理心理特点之上，根据语言学习的本质规律开展自主化学习；同时在学习的过程中进行自我监督、自我管理、自我反思，及时地调控自身的学习状况，促进对知识的掌握与运用。

3. 灵活使用外语组织课堂

教师在课堂上应尽量使用外语语言进行沟通交流，为学生创建真实的语言情境；并鼓励学生也运用外语参与交流讨论，培养学生的语言表达能力。同时教师应基于语言表达设置相关的学习任务，发挥任务的驱动功能，促进学生使用语言完成交流沟通的最终目的。

（五）交际性原则

语言学习的根本目的就在于运用语言参与交际活动，因此在教学过程中，应重视对学生语言交际能力的培养，使学生顺利地完成交际活动，教师应从以下几点来保证语言教学的交际性原则。

1. 正确理解外语教学的性质

外语教学实质是一门集教、学、用于一体的实用性课程，对学生听说读写能力的培养是外语教学的重点工作，它是实现外语交际的根本保障。教师应重视语言的使用过程，这是培养语言交际能力的主要途径，只有做到理论与实践相结合才能真正地掌握外语并有效地运用外语进行交流。

2. 将外语作为交际工具来教、学、用

外语交际是外语学习的根本目的，这就要求教师在教学过程中要着重培养学生的交际意识与交际能力。

教师应尽可能地为学生创建运用英语语言的情境，使学生在使用语言的过程中提高自身的语言交际能力。教师的教学过程与学生的学习过程要始终贯彻语言的交际理念，使学生形成一个语言交际思维，在心中将它作为交际的工具进行学习。

在教学过程中，应改变以往的纯语言教学，将学生的语言应用能力提到课堂之上，实现语言教学的交际化。教师通过引导学生进行相关训练，基于语言的应用之上提出相关问题，让学生在解决问题的过程中对语言达到学以致用，学以会用。同时教师的教学活动应与语言交际紧密地结合，增加学生运用语言交流的机会，激发学生参与语言交流的主观能动性，从而达到语言教学的本质目的。

3. 教学内容与活动的选择要贴近生活

语言源于生活并应用于生活，两者息息相关，因此语言教学内容不应脱离学生的实际生活。教学所用的信息资料应结合学生的关注话题进行筛选，保证学习内容的现实性。与学生生活相联系的教学材料更能使学生感同身受，产生共鸣，使学生更加主动地投身到语言学习中，让学生在自己的意识深处将其看成是交际语言。学习的目的是提高自己以后的交际能力，而不是作为一门考试语言来学习，以从意识上纠正学生的认知。

4. 在教学中创设交际情景

真实有趣的外语情境对学生的外语学习有着至关重要的作用。教师应尽可能地创建多样化的语言环境，比如通过变换不同的时间、不同的处境、面对不同的交际者以及对自己身份的不同定义，来使学生设身处地地体验面对各种情境时所要用的说话语气以及说话的内容。学习语言不仅仅是让学生学会语言，而是要会用语言。学生能够做到恰当合理地运用语言，才算是对语言的真正掌握。

教师应充分结合教材，通过各种教学工具，创建各种交际情境，在不同的情境中，给学生提供同一句话，使学生切身地体会到其存在的不同之处；另外，教师还可以设计一些具有交际性质的任务型活动，让学生在参与活动的过程中积累交际经验，体会交际的奥妙之处，学会灵活地运用语言，在具体的问题中调整自己的说话方式以及说话语气，充分考虑对方的心理感受，顺利地完成交际目标。

（六）系统性原则

系统性也是外语教学改革必须遵照的一个原则。系统性原则主要有三个作用：第一，使学生对所学内容有比较系统、完整的概念；第二，能够建立起各个部分知识之间和新旧知识之间的联系；第三，能够清晰且有层次地消化所学内容。

下面详细分析系统性原则对教师工作提出的要求。

1. 系统安排教学工作

教师在安排教学工作时应该有一定的计划，主要应做到如下几点：

(1) 有计划地备课。例如，一课课文要上八课时，在备课时要一下子备完，不能今天上两节课就备两节课的内容，要一次备好。

(2) 讲解要逐步深入、层次分明、前后连贯、新旧联系、突出重点，一环套一环，一课套一课，形成一个有机而系统的联系。

(3) 教学的步骤和培养技能的方法应该符合掌握语言的过程。要根据课程的最终教学目的，由易到难，逐步提高要求。

(4) 布置的练习要有计划性。要先进行训练性练习，然后再进行检查性练习。此外，练习的形式要具有体系性，相同的练习形式也要有不同的要求。

(5) 布置的家庭作业要与课上讲课的重点密切联系起来。每次作业要有明确的目的，课内课外要通盘考虑。

(6) 经常考查学生对知识和技能的掌握情况，每堂课要有一定的提问并做相应的记录。这可以对学生起到督促的作用，也能为自身的教学提供有益的反馈。此外，对学生的平时成绩不能仅凭教师的印象来评定，所以平时对学生所做的口头、书写作业要有记录。

2. 系统安排学生的学习

学生学习过程的连贯性、持久性是保证学习效率的重要因素，如果在学习过程中不能做到持之以恒，而是半途而废，那么终究会导致学习的不完整性，也就谈不上学习效率。同样地，教师在教学过程中也要保证教学的连贯性，有恒心、有毅力地安排、引导学生进行学习，教师应强调日常学习过程的重要性，坚决杜绝学生在考试前临时抱佛脚的不良意识，做到时刻关注学生，做好学生的学习和复习带领工作，及时指导学生，发现学生之间的差异性，针对不同的学生调整学习策略，力求做到因材施教。

3. 系统安排教学的内容

教学内容的系统性、渐进性是保证学生学习效率的前提条件，因此教师应根据学生的认知水平和接受能力有计划、有顺序地制定教学内容。以低年级的外语教学为例，由于学生的认知结构还不完善，对知识的吸收能力不强，因此教师应充分地认知到这一点，知识的传授不能一股脑地交给学生，而是呈圆周式、递进式逐渐增加，对具体的词汇意义以及用法讲解应分部完成，对知识进行一个层次性的分解。同时教师在讲课时，应防止学生出现机械的记忆现象，引导学生由浅入深地完成理解性记忆。

（七）关注情感的教育性原则

关注学生的情感，教学具有教育性也是大学外语教学改革要遵循的一个原则。具体来说，教师在教学过程中关注学生情感要做到以下两点。

1. 努力营造良好的教学环境

（1）建立相互尊重、相互理解、相互信赖的新型师生关系。教师应该做到仪表大方、笑容可掬、和蔼可亲，保持在学生中的威望。教师既要充当学生学习上的指导者，又要做学生生活中的朋友。教师要及时了解学生遇到的挫折，帮助其总结经验教训克服困难，帮助他们树立学习的信心。而作为生活上的朋友，教师要时刻注意学生的思想动态、家庭情况，必要时对其进行心理指导。

（2）营造激发学生学习动机和兴趣的轻松愉悦的学习氛围。学生兴趣是学生学习动力的来源，它推动着学生积极参与学习活动，学生一般对自己感兴趣的话题格外关注，注意力相对来说会比较集中。因此教师应充分了解学生的兴趣点，围绕学生的兴趣设置课堂主题，使学生保持一个积极向上的态度进行知识的学习与掌握。教师应重视学生的智能开发，挖掘学生的学习潜能，提升学生的自信心，保持学生健康的心理状态，促进学生的全面发展。

学生学习动力是促进学生听说读写能力以及其他外语知识学习的内在动力，它影响着外语的课堂教学效果。激发学生学习动机是促进学生学习积极性的有效手段，教师应掌握一定的动机激发能力，比如对学习情境的创建，使学生在特定的社会情境中完成对交际能力的培养。

2. 培养学生形成积极的情感

综合诸多教育专家和学者的观点，可以将培养学生积极情感的具体举措归纳为如下两点：

一是联系学习内容讨论情感问题。在外语教学过程中不容忽视的还有学生的情感态度。学生对知识的相关情感决定了学生对学习持有的态度，教师应针对具体的情形进行具体的引导，摆正学生对学习的态度。

二是建立情感态度的沟通渠道。情感态度的交流和沟通渠道是培养学生健康的情感态度的有效途径。情感的内在表现和外在反应是学生情感态度的两种表现形式，教师应细心地观察，对学生的情感态度有一个实时的掌握，避免学生出现消极的情绪。对于已经出现消极情感的，教师应予以相应的引导。情感态度的沟通渠道有很多种，比如创建和谐融洽的学习环境，使学生在团结民主的氛围中消除自身的消极情绪，此外还可以组织学生进行集体讨论来帮助学生培养积极的情感态度。对于一些比较隐私的问题，集体讨论可能会不方便，教师应单独与学生进行沟通交流，来适当地引导学生。

二、国内外语教学改革依据

面对社会发展和教改深入不断提出的新挑战以及全面推进素质教育的高涨呼声，作为外语教师或教学研究人员，除了要熟知基本外语教学理论和技术外，还要对外语的教与学有更深入的研究，借助不断发展的相关理论，使外语教学更具有教育性、更能促进学习的成效，使学习者素质全面提高。

（一）认知理论

认知语言学兴起于20世纪80年代初，是认知科学与语言学相结合形成的新兴边缘学科。20世纪90年代以来，认知语言学在中国蓬勃发展，其理论及相关概念对第二语言习得和教学等诸多领域产生了深远影响。认知语言学提出的主要概念和研究对象有理想化认知模型、基本范畴、原型、图式、辐射范畴等，其中被应用于外语教学的有基本范畴、隐喻认知结构、图式理论、距离象似性等。

1. 基本范畴

每一个事物都有其特定的范畴，这是对事物的性质、特点进行分类并合并存储的一种概念。同一类范畴中的事物都有其高低层面之分，基本范畴是指那些特征明显能被人容易而迅速感知的一类事物的总称。要判断事物是否属于基本范畴，可以看其是否具有以下特征：第一，对外区别性特征是否明显；第二，基本范畴的成员具有快速识别的特征；第三，最先被人们识记；第四，基本范畴的事物极易被频繁使用，通常是一些简洁的中性词。就英语的基本范畴词汇来说，它是学生学习外语最先接触的知识，可为以后更深入的学习打好扎实的基础，使得学生在掌握其他范畴词汇时更加容易。学习效率大大地提升。

2. 隐喻认识结构

隐喻不仅仅是一种语言现象和语言的修辞手段，而且是一种思维方式和隐喻概念体系，是人们用一种事物来认识、理解、思考和表达另一事物的认知思维方式之一。人类思维的基本特征就是隐喻，人们的概念系统在很大程度上也是以隐喻的方式构建的。应人们日常生活需求而产生的隐喻意义是隐喻形成的一方面，同时在语言中存在一种早已被广大学者所认可的、所接受的隐喻意义。词汇的隐喻意义体现了一定文化背景和民族思维，它从某种意义上将两个看似互不相关的事物联系在一起，学生要想从真正意义上理解词汇，就应该深入挖掘其代表的文化意义与相应隐喻思维，探究与其联系的底层概念结构。

3. 图式理论

约翰森将意象图式定义为通过感知的相互作用和运动程序获得的对事物经验以连贯和结构的循环出现的动态模式。所谓“图式”是指每个人过去获得的知识在头脑中储存的方式，是大脑对过去经验的反映或积极组织，是被学习者储存在记忆中的信息对新信息起作用的过程，以及将这些新信息丰富加工转存到学习者的过程。图式是一种储存于大脑的、抽象的包含空当的知识结构，每个组成成分构成一个空当，当图式的空当被学习者新接收的具体信息填充时，图式便实现了。鲁梅尔哈特（Rumelhart）认为阅读图式可分为语言图式（linguistic schemata）、内容图式（content schemata）和形式图式（formal schemata）。实际上，听力理解同样具有这三方面的图式：形式图式包括语篇图式，教师在帮助学生排除语言障碍的同时要向学生说明相应的语篇结构和文章类型；内容图式对教师提出的要求是使教师保证学习材料的针对性和目的性；阅读教学从本质上讲，就是融合学生已构建的内容图式与阅读材料本身要求的内容图式，使两者达到某种层面的平衡。

4. 距离象似性

距离象似性其基本含义是概念距离越小则语言形式上的距离也越接近。其认知基础是邻近的概念与相关的思想较为容易被激活，在心智上也就更倾向于被放在一起处理。学生运用距离象似性可以有效地实现对语法知识的理解，同时促进学生合理恰当地运用语言，顺利地使用外语进行交际。

语言符号的任意性是由索绪尔提出的，在认知语言学还没有普及的年代，任意性被当成人类语言最本质的特征之一。到后来随着认知语言学的广泛发展，出现了与任意性相对的语言符号的象似性，一时间成为国内外学生的关注热点，对这方面的研究也越来越多，诸如杜文礼、王寅等众多学者都致力于语言象似性的研究，王寅从形式和结构的关系的角度来定义语言的象似性，他指出语言的能指和所指之间存在映照性相似的现象，有一种关系将语言的内容和形式联系起来，而且这种关系是有一定道理可言的，可以通过相关的论证得以证实。

距离象似性对语言符号象似性的研究由来已久，最早是哲学家和符号学家感兴趣的问题。美国哲学家皮尔斯提出了符号三分法，其将符号分成象似符（icon）、标志符（index）和象征符（symbol），其对象似性的研究做出了重大贡献。而功能主义语言学家海曼则对语言符号象似性进行了更为系统、详尽的研究。他把语言结构的象似性分成两大类：成分象似与关系象似。前者指语言成分与人类的经验成分象似，换言之，就是形式与意义相对应；后者指语言结构内部不同成分之间的关系与人类经验结构成分之间的关系相对应。他还对后一种象似现象做了进一步的分类，如距离象似性、数量象似性、顺序象似性、标记象似性、话题象似性和句式象似性等。我国学者王寅将距离象似性定义为语符距离相似于概念距离。概念距离相近，同属一个义群或语义场，或欲述一致性较高的信息，在思维时就容易将它们放在一起思考，它们共现的可能性就较大，在表达时语符间的距离也往往靠得近。语符距离近了，则其所表示的概念距离也就近了。

学习外语不但要学习语言知识，还要学习怎么使用这门语言达到交流和沟通。所以我们借助对语言交际中距离象似的研究，可以深入地了解其对语言得体性和礼貌水平的影响作用。

第一，语言得体与礼貌性是一种社会群体文化心理的反映，在双方相互交流中，这一原则是必须坚守的。语言得体性在一定程度上反映了距离象似性，说话人越礼貌、越客气，其采用的语言结构就越复杂，同时也传递了大量的信息，衬托出说话人和受话者社会的阶层差异性。

第二，距离象似性对得体性和礼貌程度的影响。距离象似性原则体现在外语的许多表达之中，首先词与词或词素位置的不同所产生的意义效果不同。

使用模糊限制语之后，语言单位要变长，话语信息量要变大，无形中体现出了交际双方的距离。例如：

Your price is too high for us to accept.

I'm afraid your price is somewhat on the high side.

对于日常生活的议价，可以采用第一种表达方式，就算双方交易没有达成，也不会产生恶劣的影响。然而要是放在商务交易中，就需要增加一些限制语，这种限制语必须具有一定的模糊性，这样的说话方式带来的效果就大不相同了。就比如在第二句话中，“I'm afraid” 和 “somewhat” 都属于模糊限制语，这样的表达语气在相应的环境中就显然要礼貌得体得多，不仅体现了双方的社会距离，同时使彼此之间不会出现摩擦与隔阂，大大地缓和了紧张的交易气氛，有利于促进交易的顺利达成。

此外，委婉语冗长的句式结构在一定程度上也体现了距离象似性，不论是哪种文化的语言，委婉语相对直接语来说，其结构都要复杂一些。这不仅掩饰了说话者的真正意图，同时使得听话人远离事实。

通过语言手段表达的礼貌自然同句式有密切的关系。不同的语言表达方式会体现出不同的礼貌程度差异。如果不考虑语境的作用，只是从语言形式本身来判定礼貌的程度，那么语言符号增多，社会距离增大，话语的礼貌程度也就提高了。例如：

(1) Will you please close the door?

(2) Won't you close the door?

(3) Close the door, if you please.

(4) I would like you to close the door.

(5) Would it be too much to ask you to close the door?

以上 (1)~(5) 都是表达 close the door 的意思。(1)~(3) 的语符单位都小于 (4) 和 (5)。凭直觉可以看出，从 (1) 到 (5) 语言结构越长，信息量越多，社会距离也越大，故话语越礼貌。

人们的交际过程永远要结合交际的相关语境来展开，双方关系的密切性使得社会距离相对缩小，说话人往往会使用简洁明了的句子进行信息传递。语言的象似性在一定程度上反映了人们所具有的认知规律与语言结构的关系。

（二）建构主义理论

建构主义（constructivism）是20世纪90年代以来一种非常有影响的学术思想，被誉为“当代教育心理学中的一场革命”。该理论认为外部世界是客观存在的；但是对于世界的理解以及所赋予它的意义却是由个体自己决定的，个体会以自己原有的知识经验来构建它或者说解释它，由于每个个体的原有知识经验存在差异，因此各自所构建的世界也是不同的。建构主义强调的是个体从自身经验背景出发对客观事物的主观理解和意义建构，重视学习过程而反对对现成知识的简单传授。

1. 社会建构主义

个人建构主义认为个体一出生便开始积极地从自身经验中建构个人意义，即建立他自己对世界的理解。其代表人物皮亚杰把心灵的发展看作是已有知识和当前经验不断达到平衡的过程，伴随这一过程的是同化和顺应。这一理论强调“个人”的发展和经验，忽视人为干预和直接教育的作用，忽视“社会”环境的作用，因此具有局限性。本书建立的理解教学过程的基础是社会建构主义模式。这一模式的要义是：知识不是通过教师传授得到的，而是学习者在一定的情境，即社会文化背景下，借助其他人（包括教师和学习伙伴）的帮助，利用必要的学习资料，通过意义建构的方式获得的。该理论认为“情境”“协作”“会话”“意义建构”是学习环境的四大要素。

建构主义学习观强调学生的主体地位，教学活动应围绕学生进行，教师应扮演好其引导者、合作者、促进者的身份，充分发挥其引导、调控的作用，教师通过创建协作化学习环境来激发学生的积极性和主动性，引导学生进行自主探索、自主创新，通过自主化学习来实现所学知识的建构。

2. 最近发展区（ZPD）理论

苏联心理学家维果茨基心理学的一个中心概念是中介作用，它是指儿童身边对他有重要意义的人在他认知发展过程中所起的作用。儿童和教师、家长以及同伴间的互动交流影响着学生的学习质量。同时他提出的“最近发展区”理论，为学生的有效学习提供了理论依据。儿童现有知识层次与通过他人协助后可能达到的层次，这两者之间的差异就是最近发展区。这种理论给学生提供了一个促进学习的有效途径，就是与比自身能力强的人进行交往，其往往起到一个促进作用，在学生遇到困难时，借助教师或者成人的帮助，使其有效地解决困难，并进入全新的学习阶段。

建构主义提倡的主要教学方法为随机进入教学、支架式教学、抛锚式教学。随机进入教学（random access instruction）是指学习者可以随意通过不同途径、不同方式进入同样教学内容的学习，从而获得对同一事物或同一问题的多方面的认识与理解。支架式教学（scaffolding instruction）是指教学应当为学习者建构对知识的理解提供一种概念框架，这种框架中的概念是为发展学习者对问题的进一步理解所需要的。因此，事先应该把复杂的学习任务加以分解，以便于把学习者的理解逐步引向深入。支架式教学由搭脚手架、进入情境、独立探索、协作学习、效果评价几个环节组成。抛锚式教学（anchored instruction）也称为“实例式教学”或“给予问题的教学”，形象地被比喻为“像轮船被锚固定一样”，是指以具有感染力和代表性的实例（案例）使学生对事物的性质、规律及与其他事物的联系达到深刻的理解。抛锚式教学由创设情境、确定问题、选择出与当前学习主题密切相关的真实性事件或问题作为学习的中心内容，选出的事件或问题就是“锚”，这一环节的作用就是“抛锚”，随机进入学习思维发展训练、小组协助学习、学习效果评价几个环节。

（三）二语习得理论

这里重点介绍输入假设理论。

20 世纪 80 年代，克拉申（Krashen）提出了“输入假设理论”（the Input Hypothesis Model）。这个理论由五个相互连接的“假设”组成：输入假设（Input Hypothesis）；习得/学习假设（Acquisition/Learning Hypothesis）；监控假设（Monitor Hypothesis）；自然顺序假设（Natural Order Hypothesis）；情感过滤假设（Affective Filter Hypothesis）。克拉申认为，人类只通过一种方式获得语言，那就是对信息的理解，通过吸收可理解的输入信息（Comprehensible Input）来获取语言知识。只要学习者听到有意义的语言信息并设法对其进行理解，就会产生语言习得的效果。他认为学习者所接受的输入语言必须满足下面三个条件，语言习得才可能发生：（1）可理解的输入；（2）包含已知的语言成分；（3）包含略高于已知的语言水平的成分（$i+1$）。只有当习得者接触到可理解的语言输入，即略高于他现有语言水平的第二语言输入，而他又能把注意力集中于意义或信息的理解，而不是对形式的理解，才能产生习得。如果现有语言水平为 i，能促进他习得的是 $i+1$ 的输入。

互动假说是迈克尔·朗（Michael Long）在 Krashen 提出的输入假设基础上提出的，并被广泛认为是输入假设理论的扩展和延伸。朗（Long）则关注这些输入如何变得可理解，即交际双方为交流能顺利进行而进行的交互调整（modified interaction），语言输入在互动中通过澄清请求、理解检查、重复证实，其理解性会增强，语言输入也会更加成功。这一理论也为讨论式教学、课堂交际活动提供了理论支持。在教学过程中，教师可以积极地创建以实际交际为背景的语言应用环境，为学生提供其可听懂的语言并促使其吸收内化，进而提高学生对可理解性语言的输入。

第二节 国内外语教学改革的总体趋势与要求

一、以人为本，全面发展

外语教学首先要确定的就是对人的教育，为此，大学对外语的教学最重要的要求也应该是人本主义。教师的教学要从学生出发，对学生的教育要注意各个方面一起发展，尽可能地调动学生作为主要参与者的积极主动性，以学生作为教学的中心，让他们自主掌握不断学习的方法和能力，为终身学习做好准备。所以，现在进行外语教学活动，教师和学校必须要把学生的全方面发展作为重点。教师平时教学不仅要尽可能地使学生能够学到更多的外语方面的知识，还要注重对学生加强社会责任感的培训和教育，要注意让学生对学习保持努力向上的激情、对研究学问要有严肃谨慎的作风等，以上内容的教学不但会对学生学习外语有很大的帮助，而且还能推进学生的全面发展。要做到这些，就需要教师在外语教学中注意对学生尊重和理解，将以人为本真正落到实处。

二、注重学生的综合运用能力

重点注意对学生进行语言的综合运用能力的培训和教育，这不仅是外语教学的教学内容，也是外语教学最根本的目的。而综合运用能力的养成是以文化意识、语言技能、语言知识、情感素质、学习策略等方面的素质整体组合发展作为基础的。

三、努力提高学生的认识能力

目前，外语教学正在经历由知识型教学向技能型教学转变的过程，也就是说外语教学不仅需要获得语言技能，也需要传授相应的语言知识，当然还需要培养并提高学生的认识能力。

四、提升学生的文化素养

文化是以语言作为媒介的，它能够反映出一个民族的文化特征，语言与文化是相互联系在一起的。学习外语的时候，不但要把外语作为一种语言学习，而且还要学习这种外语本身所代表的厚实的文化内涵。

世界上各个国家的文化通过人员的相互来往、经济的互通、技术的交流和资本的流通、商品的交易、信息的传输打破了地域环境和社会语境的限制，使各个国家成为全球性的互动的文化网络中的一员，形成了如今多元文化的文化形式。因此，文化素质的培训和教育在现今的大环境下理所当然地应成为大学外语教学内容的重要组成部分。

进行文化方面的教学活动可以帮助学生增加对各个国家的了解，培养学生从各个不同的方面仔细了解和分析我国与其他国家的文化的异同，以更加主动有效率地促进与各个国家间的相互合作与沟通、交流。与此同时，通过文化的教学能够使学生对我国自身的文化有更深入的了解，使学生产生更浓厚的民族自豪感和自尊心，进而在跨国间的文化交流中宣扬我国优良的文化传统，使之得到发扬并且不断光大，为世界文化的兴盛增砖添瓦。

五、充分利用多媒体、网络技术

相对于传统意义上大学的外语教学，网络和多媒体教学方式有着诸多方面的优点，它能够为学生的外语学习提供一个独立自主的、可以不受限制的学习环境。

首先，计算机软件能够给学生提供标准的发音，通过图片、动漫等方式把要学的知识和内容生动地、活灵活现地表现出来，让学生有身临其境的感觉，方便学生更好地理解，从而加深记忆。

其次，像、影、文、图等教学资料通过多媒体技术完整地联系在一起，可以给单调无味的文字增添颜色，这种模式能较容易地引起学生对学习的兴趣；而且这种教学方式打破了对时间和空间的约束，可以把学生从课堂学习中解放出来，使学生的学习可以在自己想要的时间、想要的地点进行，不仅使学生的学习时间得到增多，还可以使学生的学习兴趣得到增加。

最后，网络技术的运用给学生带来了足够的、没有约束的学习环境。不仅教师给学生安排任务、点评任务能够通过网络，而且学生学习也能够通过网络进行。这样，教师和学生可以减少或者去掉某些方面的包袱，能够促使学生积极主动地学习。

所以，教师在教学过程中要尽可能多地使用网络和多媒体技术，使网络和多媒体技术在外语教学中发挥更大的作用。

六、采取多元化的评估方法

对教学进行评估是大学外语教学的一个重要组成部分，教学评估能够查验教学目的是否完成。

长期以来，大学对外语教学采用比较落后的、机械式的、单一的评估方法，从而忽略了对学生进行小组评估和自我评估，忽略了学生对教师的教学效果的评估和外语教师对本身的教学质量的评估，忽略了评估是需要反馈的，过度放大了评估对选拔所发挥的效用，从而阻碍学生对于合作精神的培养，阻碍了建设融洽的师生关系。

随着社会的进步，对教学评估模式增加了新的内容，例如，增多形成性的评估权重，不是只进行终结性评估；降低考试中客观题的题量，增多主观题的题量等。通过网络来完成评估的方法也随着大家对教学评估方式的革新意识的加强而慢慢成长起来。这类评估方法大都拥有多维性、开放性和形成性的特征。比如，为使学生不再只是为了应付考试而进行学习，通过准许学生屡次参加考试，使他们感觉到自己通过努力得到了提高，带着敬佩之心来体验各个学生的自我感觉、学习速度和学习阶段，最终使学生为实现学习使命而进行学习的目的。

第三节 常见的翻转课堂教学模式分析

进行外语教学是为了为社会培养能够熟练运用外语进行交际的外语人才。随着国际局势和社会环境的不断更新换代，大学培养外语人才的外语教学模式也不断进行改革，并且逐渐成为重要的提高人才素养的方式。本节主要对分级教学模式和模块教学模式、研究性学习教学模式以及网络教学模式进行研究。

一、分级教学模式

所谓“分级教学模式”指的是以学习者的学习水平和学习潜能为标准，将学习者划分为不同的层次，并在此基础上开展相应的教学活动。分级教学的教学理念就是因材施教，这样的教学模式可以让水平参差不齐的学生都能够取得进步。

分级教学模式是教学者根据科学的教学理论开发出来的，主要包括 *i*+1 语言输入假设理论、学习迁移理论、掌握学习理论。下面对这些理论进行论述。

（一）*i*+1 语言输入假设理论

分级教学模式以克拉申的 *i*+1 语言输入假设理论为重要的理论依据。这个理论对分级教学模式的影响主要表现在以下两个方面：

第一，从课程理论角度来看，*i*+1 理论不仅注重知识的获得，更注重学习者获得知识的途径。具体来说，*i*+1 理论强调学习应采取循序渐进的步骤、方法和过程，这正是分级教学的精髓。

第二，从教学实践来看，分级教学根据学习者在性格、动机、态度、认知风格、语言技能等方面的差异来确立不同的教学目标、要求与方法，符合 *i*+1 理论的要求。

（二）学习迁移理论

学习迁移指的是已学得的学习经验对如今学习的影响，一般包括两种影响：

当之前的学习经验对学习起到促进作用时，便是正迁移；反之，起到抑制或干扰作用时，则属于负迁移。

奥苏伯尔提出了认知结构迁移理论，他认为在学习者大脑中的认知结构由他的知识结构构成。也就是当学习者获得了新的知识的时候，他原本的认知结构特征，不论是组织还是内容都会随之发生改变。他提出，有三个认知结构的变量会影响新的知识的学习，通过改变这三个变量就能够学习新的知识或进行知识迁移。在实行学习迁移理论的时候，同时进行分级教学，也就是将知识水平相当的学生放在一起进行教学，能够帮助学习进行正迁移，并且产生更好的教学效果。

（三）掌握学习理论

布鲁姆（B. S. Bloom）是美国的心理学家，他提出了掌握学习理论。他认为学生不好，是因为没有得到适当的帮助，且设施不够完备，而并非是智慧上的欠缺。其实当学习条件完备时，大多数的学习者无论是在速度、动机还是学习能力上都会十分相似。所以，通过分级教学的方式，能够挖掘学生具备的不同的潜质，并进行个性化和多样化的教学。

二、模块教学模式

模块教学模式是大学外语教学改革的重要组成部分。这是一种系统性的教学模式，以大学外语教学为系统，将其分为知识、技能、拓展三大模块，并在不同的学期中进行有针对性教学，从而最终提高学生的综合语言应用能力。

外语教学系统在不断进行的教学改革之下发生了重大改变，逐渐向技术化、信息化、能力化、多样化的方向发展。而外语模块教学的概念也在这样的背景下被提出，这也反映出时代社会的发展给大学语文带来的影响。

所谓模块教学，指的是通过一个能力和素质的教育专题，在教法上强调知能一体，在学法上强调知行一致。模块教学模式主张提高学生的素质和具体技能，教学中通过集中开展理论、技能、实践等活动来实现教学目标。

大学英语实行模块教学能够使课程更加多样和丰富，其形式多样的教学模式能够帮助学生提高学习兴趣，使学生更加积极地参与学习。因为在当前的科学技术信息化的时代，传统固化的外语教学模式已经越来越难以满足社会的需求，而模块教学更加符合当今的时代潮流，使得外语教学在人才培养上更加具有时代性。

三、研究性学习教学模式

现在社会在大学外语教学方面出现了研究性学习的大趋势，这种教学模式逐渐成为对于创新人才培养的有效途径，被很多高校推广并实施，而且目前来看取得了很好的教学效果。

关于研究性学习教学模式的定义，学术界存在两种观点：

一种是将研究性学习定义为通过开放的教学环境，让学生把研究式学习的方式作为学习目标进行定向培养的课程。在教学的过程中，教师需要向学生讲授多种研究方法，使学生能够在学习能力和研究技能等方面都得到提高。

另一种是在相对狭义的层面对研究性学习进行定义，即区别于传统教学中的接受性学习，研究性学习是通过探究性的教学方法来实现学生学习能力的提高。

研究性学习具有探索性、创造性、自主性和开放性的特点，学生通过实践可以获得直接经验，并在这个过程中培养学生的科学态度和精神，对于基本的科学方法可以熟练掌握，可以将所学的知识进行综合的运用来解决实际生活中遇到的问题。研究性学习区别于传统外语的教学模式，是将学生作为学习主体，可以主动对知识进行构建，而教师只是教学过程中的组织者、促进者和引导者。这样的教学模式有利于师生对知识学习进行主动的构建，并且有利于两者关系的和谐发展。

总之，研究性学习就是将发现说和建构主义心理学作为教学的理论基础，结合创新性教育观念，将自主学习作为主要的学习方式，将学生作为教学中心，注重学生的能力培养，重视探索、发现和研究等实践过程。

四、网络教学模式

大学英语教学广泛应用计算机网络技术，并且这样的教学模式已经积累了很多的教训和经验，这就进一步推动了关于利用网络进行外语教学的研究和发展，也对解决实践中的问题和未来发展方向产生了重要的积极影响。

所谓网络教学模式，是将一定的教学理论和思想作为教学指导，通过计算机网络技术，构建稳定的教学方式和结构框架来帮助实现教学目标的一种教学模式。

第四章　外语翻转教学的模式研究

随着信息革命的发展，外语翻转课堂由此产生，也能由此看出，可以用信息技术来推动教育的改革。并且随着翻转课堂理念越来越广泛的推广，越来越多的教师在英语教学的课堂上采用这样的教学模式，使得这种模式得到了更好的发展，翻转课堂教学模式下的学科教学研究将会不断开展。本章重点探讨基于微课、慕课的翻转课堂教学；基于微信、两课堂等 APP 的翻转课堂教学；翻转课堂与在线学习、混合式教学。

第一节　基于微课、慕课的翻转课堂教学

一、基于微课的翻转课堂教学

（一）课前学习任务设计

1. 课前自主学习任务单

翻转课堂的重要特点之一就是它课前预习的教学活动和传统课堂的模式有很大的不同。在传统的教学中，教师确实认为如果学生进行课前预习，带着问题来课堂上进行学习的话会使学习效果更好，也布置了预习的任务。但是实际上学生的预习情况并没有得到指导，教师对学生的预习情况并不清楚，仍然按照自己设定好的教学计划和逻辑来进行新授课。这种课堂的学习和学生预习与否并没有产生很大的关联，所以学生即使在开始的时候还会按照教师要求的进行预习，但是到后期预习的学生会逐渐减少。

而翻转课堂关于课前预习的不同之处就在于它不仅仅包含教师布置的在课前观看某视频或文字资料的预习任务，还包含比如完成相关预习练习题的其他的任务。学生在完成课前预习的观看任务之后，可能不能够准确完成相关的习题，但是这是没关系的，教师主要是想要通过学生遇到困难的地方来确定学生在这一知识点上存在的问题，这样才能更清楚了解学生的学习情况并确定课堂上的重点。所以学生的课前作业要能够保证在课前交与教师，这一过程可以借助信息技术平台。教师是相关科目的专家，以这样的角度可能会不记得或不清楚新人在面对这

些知识的时候可能会遇到的困惑，翻转课堂可以帮助教师了解到学生的问题所在。教师在课堂上进行讲授的时候，就可以根据学生课前出现的问题着重讲解，帮助解决问题，而不是进行全套知识点的反复讲解，这样更加有助于学生对知识进行内化和吸收。

同时，在翻转课堂上，教师可以将学生作业作为课上讲课用的例子，对学生作业中出现的问题进行讲解。这样的教学，更加能够让学生有代入感，认为所讲的知识和题目与自己有关系，这就直接与 ARCS 动机模式中的切身性原则契合。翻转课堂还有一个重要的特点，就是翻转课堂会充分利用师生一起学习的时间，帮助学生内化吸收，解答各种困惑疑问。两种教学模式在课前预习方面的本质差别就是传统课堂并没有指导，而翻转课堂设计相关的预习任务，而且让学生有目的自主进行预习活动的时候，教师可以通过微课等指导学生课前预习的各个任务。

2. 学生课前自主学习，教师收集问题反馈

学生在自主进行课前预习的时候，会收到教师关于这节课的预习资料和学习任务单，学生逐个完成任务单上的任务，包括自主观看学习视频和其他的学习任务。教师在这个过程中可以在网络平台上时刻关注学生的预习情况，以及在完成任务的过程中遇到的难以解决的问题。通过收集任务完成情况和任务单中的练习题的完成情况，将学生的问题和建议进行汇总，可以提前调整课堂上的教学计划。

（二）课中教学活动组织

翻转课堂的教学模式对于课中教学活动的组织部分，内化和拓展是其关键。因为之所以设计这样的活动就是为了能够让学生更好地理解和内化知识。在分析了美国林地高中在教学过程中使用的翻转课堂的成功案例之后，得出在翻转课堂中应该设计如下几个环节。

1. 课前热身

进行课前热身能够帮助学生做好学习新知识的准备，在课上能够全身心投入进去。课前热身活动是根据 ACRS 动机设计模型设计的，为的是激发学生的学习动机，吸引学生学习的注意力。教师在这个环节会设置与教学内容相关的内容来吸引学生的注意，激发他们对于知识的好奇心，唤起他们的热情，从而积极地参与到课堂活动中。在对翻转课堂的研究中，教师用提问的方式帮助学生对课前预习内容进行回顾，并且根据学生的回答准备后面的问题释疑环节。

2. 问题释疑

学生会在课前进行预习，但是由于学生的认知水平和知识结构各不相同，所以对于预习的知识的认知也会有所不同。因此在学生之间就会产生一种认知上的

不平衡，对于新的认知结构也会产生认知上的不平衡。在翻转课堂模式中，学生是课堂活动的主体，教师根据学生在课前预习阶段观看微课视频之后遇到的问题，在课堂上作为讲解实例进行讲解。因为这些例子都是学生切实遇到的问题，对问题比较熟悉，所以有比较高的切身性。学生在课上和教师对问题进行探讨，在这个过程中就能够由原来的认知不平衡逐渐形成新的认知，最终实现知识内化。

3. 协作互助

学生课前的问题在课中得到解决之后，还会通过互相之间的协作互助将知识进行内化，进而不断完善自己的知识体系和认知结构。用传统模式进行教学的时候，学生在课后自己完成作业，遇到不会的题目因为并没有同学进行沟通讨论获得帮助，就会认为自己的水平和能力是根本没法完成这样的难题的，于是就会对学习丧失自信心。但是在翻转课堂中会为学生设置协作互助的环节，学生可以通过交流讨论获得学习的自信心。在这个环节中，教师将较难的问题与更具有挑战性的任务交给学生，学生要用小组协作互助的方式进行讨论，最后达成共识完成这些问题或任务。

4. 成果展示

在学生协作互助讨论之后，教师让学生将他们的学习成果进行展示和分享，并且各小组相互评价。学生先在小组内部总结个人和小组讨论后的成果，然后派出代表来向大家展示他们讨论出的学习成果，同时也提出需要大家进行深入探讨的问题；然后小组之间再一次针对问题进行讨论，从而将知识进一步内化。学生在进行成果分享的时候，可以促进彼此之间的交流，在互相评价的过程中可以更加认可小组的学习成果，学生以小组团队的形式完成任务也会获得成就感和满足感。成果展示可以选择多种方式，根据研究的教学内容特征，可以以主题发言的形式进行，学生也可自由选择其他方式。

二、基于慕课翻转的翻转课堂教学

建构主义将“以学习者为中心，强调学习者对知识的主动探索、主动发现以及对所学知识意义的主动建构”作为核心理念。传统教学模式是将教师头脑中的知识直接传送到了学生的笔记本上。这就是以教师为中心的教学，只侧重“教”，而以学习者为中心，则侧重的是“学”。这一点正是两种教学模式的不同之处，所以由此发展的相关的教学和学习理论也是完全不同的。

（一）基于 MOOC 的 O2O 教学模式的特点

O2O 教学模式的教学评价是由线上和线下两部分构成，必须完成两部分的学习任务才能获得学分。它对学习任务的要求在于：意义优先，任务完成为主，评估基于任务完成与否。

1. 教学目标自主化

大学外语 O2O 教学模式就是要求学生通过线上线下的学习对语言的听说读写译各个方面都进行全面的认知和加工，在这个整体接触语言的过程中体会到这种语言所代表的内涵。课前在线上进行预习，通过观看视频，学生能够在不断的实践中对一些知识进行掌握；还会在课堂之上注重学生对语言的创造性培养，让他们都能够将学到的语言知识进行外化的呈现。

2. 教学形式情境化

在这种教学模式中，会在课堂上为学生制造真实的语言情境，这样能够帮助学生更好地将外语知识和技能进行真实运用，进而解决交际中遇到的具体问题。学生通过这样的集参与、实践、交流、合作于一身的学习方式，在开阔眼界的同时，还能够在精神交流、课堂文化、学习动机、情感投入等方面都发生一些积极的改变。这种教学形式与《外语课程标准》的精神实质切实符合。

3. 教学评价多样化

这种模式的另一个特点就是教学评价多样化，以形成性的评价为主；从各个方面关注学生语言运用方面的综合能力的培养，并且不忘关注学生健全人格的发展情况。主要是通过建立学生的学习档案、学生的自评和学生之间的相互评价，还有教师对于学生的课堂表现对其的评价等方式。学生通过线上线下的课前预习和教学活动能够通过独立或者是协作互助的形式完成教师安排的任务，这样不仅可以帮助学生主动对外语知识技能进行运用，还能够在这个过程中减轻由考试结果和教师的评价而产生的外部的影响。这样的话，学生会在自我肯定的过程中自我满足，有利于培养学生对学习的专注和投入，帮助学生不断提高自主学习的能力，并且有助于形成持久且良好的学习层次递进。

基于 MOOC 的 O2O 教学模式有以下几个优势：一是它将“先学后教、以学定教”作为核心理念，能够有效提高课堂效率。二是它重视以学生为中心的教学观念，能够激发学习者的学习动机，使其更加积极参与到课堂活动中。三是注重培养学生自主的能力，让学生主动学习知识和技能，不再是被动地接受，进而可以优化学生的学习方式。四是在学习活动中更加注重意义的表达，这样就能够避免学生在学习的过程中过于关注语言点，却忽视整体学习的过程，但是到目前为止，这种教学模式还存在很多的现实问题：

一是还缺乏院校的支持。这种教学模式是对外语教学进行改革的成果，与学生学分认定、教师工作量和工作分配的认定，以及大纲修订相关信息部门的教学配合等息息相关。因为它所涉及的方面非常多，所以目前还只是在试点班进行实验。

二是 MOOC 视频制作困难，因为在进行教学设计的时候，需要将视频讲解的难度、课程的类型是否可以运用视频进行操作，以及跨文化交际方面的影响等因素纳入考量范围。

三是为了保证教材和视频能够完全匹配，还需要对教材进行适当的改造加工。

四是需要更多的参考实例。因为目前关于 O2O 教学模式的适用对象的研究和分析还是十分少见的。

（二）与传统 3P 外语教学模式的差异性

传统的 3P 外语教学模式是 20 世纪 70 年代在行为主义心理学和结构主义语言学的基础上发展而来的一种交际语言教学模式（CLT，Communicative Language Teaching）。在外语教学过程中，教师先通过讲授呈现语言知识，然后让学生在操练中掌握语言知识，最后在控制或者半控制状态之下，让学生进行假设交际并实现语言的输出，从而完成教学过程。

3P 模式的教学目标要求学生在一堂课内必须掌握一种外语语言形式，学生通过教师对某个独立的语言项目的讲解及课堂操练，能一步到位地掌握课堂所教授的内容并加以运用，而以教促学，认为只要教师详细讲解，学生就能掌握，事实上这种目标是难以达到的；其课堂教学形式的重点在于语言的输入，强调语言知识的机械操练与积累。这种简单粗暴的知识灌输加上单调枯燥的语言操练对于学生的学习兴趣和积极性容易产生负面影响；在教学评价上，教师一般采用终结性评价（考试测验等），通常只关注学习结果。

3P 模式的优势主要包括以下几点：首先，保证了教师的主导性，便于教师进行课堂组织管理，提高了课堂教学的有效性。其次，强调了教学的可控性，能有效保障系统性的语言结构形式教学。最后，重视学生的参与性，学生的操练是经过教师的精心设计，有利于达到最好的教学效果。

但是这种模式同样存在一定的问题：一是 3P 模式是先教后学地对知识的单向传递，在教学过程中侧重于教，这就容易忽视掉学生在学习方面的地位和真实的需求。二是这种模式因为受到时空限制，所以无论是在师生互动还是教学进度方面都很难做到个性化的设定。三是该模式更加关注外语语言形式而忽视其内容，使得形式与内容失衡。四是基于对语言形式的侧重，教学大纲也都是以语法为主，但是却忽视学习者的语言习得规律。这样就使学习者难以将中介语语法发展体系进行内化。

第二节　基于微信、雨课堂等 APP 的翻转课堂教学

一、基于微信的翻转课堂教学

在“互联网+”时代，微信和微信公众平台成为广大师生沟通交流的新平

台。在信息技术的推动下，翻转课堂教学模式应运而生，并将成为高职院校课程改革的新趋势。本节以“会议与会务管理”课程为例，阐述了基于微信公众平台的翻转课堂的设计思路、实施过程，并对教学效果进行了评价和反思。

从目前来看，高职院校具有了全新面貌的教育对象和教育环境，分别为学生具有多种多样的信息获取环境和学生创新的学习方式和授课方式。随着互联网时代的到来，学生所能接收的信息来源于多方面，这就促成了学生获取信息的途径多样化。由于中国课堂长时间一成不变、千篇一律，导致学生不再愿意接受单一的课堂模式，学生对于新型的教学模式和学习方式更加向往。由此看来，要顺应这一问题发展必须进行高职教育教学模式改革。当前，在全球流行的一种新型教学模式叫作翻转课堂，它的定义为“会议与会务管理”课程与翻转课堂的融合，这种教学模式受到广大学生以及教师的喜爱，这是教学模式的新探索和新研究。

（一）教学的可行性分析

微信作为信息时代人们的主要信息交流平台，在人们的生活中起着十分重要的作用，微信已经融入人们的生活中。微信是一个人与人之间交流的便捷的平台，在微信的订阅号和服务号中人们能够通过视频、图片、语音以及文字的形式进行交流和信息的传递。在互联网时代下新的教学模式是利用微信公众平台和翻转式教学相结合，从而提供便携的教学方式。例如，对于教师而言，教师若想发给学生课前准备的学习资料，就可以通过微信公众平台进行文件的发送；对于学生而言，如果在自主学习的过程中遇到不能自己解决的疑惑或困难，则可以利用微信平台向教师请教，或建立微信群和学生进行沟通和讨论，既节约了学习时间，又提高了学习效率。现如今无线网络已发展良好，这一发展为学生通过网络进行自主学习以及协同学习带来了良好的条件。

（二）翻转课堂上传微课的特点

翻转课堂上传的微课应具有以下特点：第一，教学微课视频时间简短（一般不超过 6min）、教学具有很强的针对性，教学目标清晰；第二，知识讲解内容具有趣味性，能够调动学生的学习热情与兴趣；第三，教学微课视频清晰度高、生动形象。而制作微课视频需要一定水平的网络和计算机技术，对于非计算机专业的教师具有一定的挑战性，如果非计算机专业的教师要做到熟练地制作微课视频，就要多多学习，提高自己的制作能力；同时多听取他人的意见，提高自己的微课制作水平。

二、基于雨课堂的翻转课堂教学

雨课堂是清华大学和学堂在线共同推出的新型辅助教学工具，它依托广泛使用的微信。利用雨课堂提供的辅助教学功能，一方面，教师可以通过电脑或手机将带有 MOOC 视频、PPT、微信语音、视频的材料推送到学生手机，使信息技术水平不足的教师能轻而易举地制作课前教学材料，同时缩短教师的课前准备时间；另一方面，学生可通过手机随时进行自主学习，增强学习的趣味性，提高了学生的学习积极性。雨课堂具有使用便捷、推广能力强的特点，能够从教师和学生双方面解决在翻转课堂实施过程中出现的问题，因此将雨课堂应用于翻转课堂，研究基于雨课堂的翻转课堂教学模式对全面推广翻转课堂有重要的意义。

（一）教、考一体化的教学体系

考虑到只有教学方案和考核方法适配才能有效地衡量教学效果，首先建立教、考一体化的雨课堂翻转教学体系，然后分别讨论相应的教学方案设计方法和考核方法。

根据雨课堂教学工具和翻转教学模式的特点，采用从整体到局部的原则，建立教、考一体化的雨课堂翻转教学体系，如图 4-1 所示。该教学体系面向学生和教师，一方面以学生为主体，利用新颖的雨课堂工具提高学生的学习兴趣；另一方面充分利用雨课堂的辅助教学功能，最大限度地为教师提供便捷，缩减教师的工作负荷。

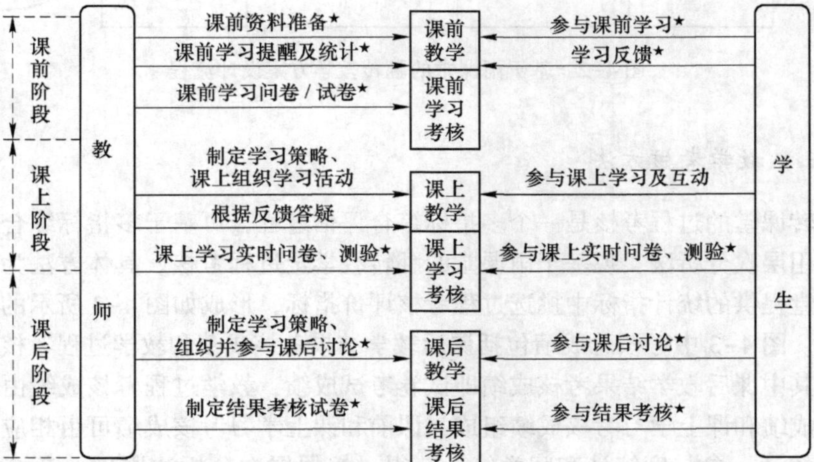

图 4-1　教、考一体化的雨课堂翻转教学体系

如图 4-1 所示，教、考一体化的雨课堂翻转教学体系分为课前教学、课上教学、课后教学三个阶段，其中课前以理论教学为主，课上以知识内化和实践应用为主，而课后讨论则作为前期学习内容的延拓。考虑到课后结果考核不能体现学

生的平时学习情况，雨课堂翻转教学体系采用全过程考核机制。在全过程考核机制中，学生的学习成绩是课前、课上学习过程考核和课后结果考核的综合结果，其中过程考核由雨课堂工具实现，即在课前和课上阶段教师利用雨课堂的课前预习情况统计、到课率统计、课堂试题和问卷统计、问题讨论参与度统计等功能进行学习过程考核。与传统的考核方式相比，基于雨课堂的过程考核不但是一种基于数据的客观统计而且还可以为教师提供实时反馈，方便教师及时调整教学方案、改善教学效果。

（二）教学方案设计图

以如图 4-1 所示的教学体系为蓝本，以实现各教学阶段的有机结合为目标，按照如图 4-2 所示的设计流程制订基于雨课堂的翻转教学方案。首先根据教学内容的分类方法对一节课所有的教学内容进行分类；然后依照教学内容与教学阶段的适配关系为每项教学内容选择适当的教学阶段；之后利用学习效果和教师工作负荷的综合评价为每项学习内容选择最适合的雨课堂辅助教学工具；最后根据学生学习兴趣随学习时间的增加而降低的特点，设计最优的教学顺序，使学生在整个教学过程中都维持浓厚兴趣。

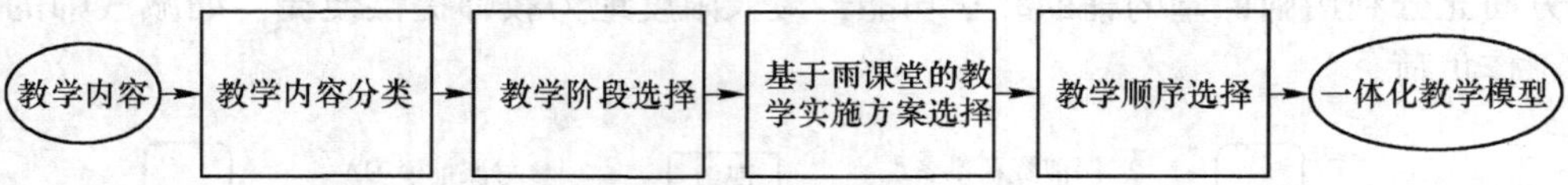

图 4-2 基于雨课堂的翻转教学方案设计流程

（三）教学考核方法

翻转课堂的过程考核是一个多指标综合评估过程，可基于多指标综合评估理论，采用层次分析法实现基于雨课堂的翻转教学全过程考核。具体方法为：首先在雨课堂提供的统计指标中挑选过程考核评价指标，形成如图 4-3 所示的考核指标体系。图 4-3 中考核总成绩包括课后教学结果考核成绩和教学过程考核成绩两部分，其中课后教学结果考核成绩即试卷考试成绩，教学过程考核成绩由课前学习考核成绩和课上学习考核成绩组成，课前和课上学习考核成绩可由相应的雨课堂签到统计、参与度统计和问卷统计获得。根据层次分析法原理，考核总成绩可由图 4-3 中各层指标加权得到，其中各指标的权值可利用专家打分的方法获得。

（四）实验验证与调研

为验证教学模式的实际应用效果，以现代控制理论课程为例设计了基于雨课

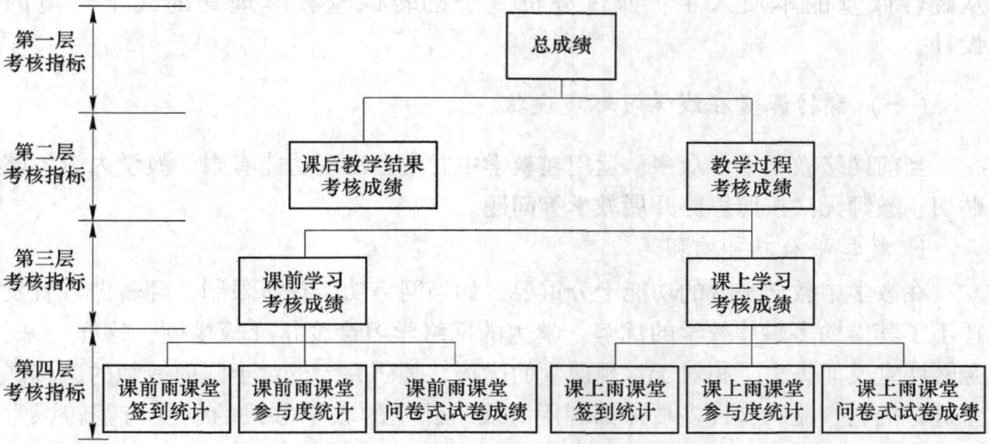

图 4-3　基于雨课堂的翻转教学考核指标体系

堂的翻转教学方案，并将其与常规翻转教学模式进行了对比实验。对比验证实验将参加实验的 75 名学生随机、平均地分配成实验组和对照组。试验结果为：实验组的课后考核平均成绩高出对照组 8.9 分；实验组的出勤率明显高于对照组，实验组学生的课上参与度是对照组的 1.8 倍。其原因为雨课堂的 PPT 推送、弹幕、实时问答等功能激发了实验组学生的兴趣，而且雨课堂的弹幕功能为实验组学生提供了随时参与课堂的机会。

为了验证雨课堂翻转教学模式的推广能力，在 236 名学生和 45 名教师中间进行了该教学模式的兴趣度问卷调查，其中 96%的受访学生表示对雨课堂工具非常感兴趣，能够利用雨课堂工具自主完成翻转课堂的课前和课后学习内容；85%的受访教师认为雨课堂工具可缩小翻转课堂课前准备的工作量和工作难度，并表示愿意采用基于雨课堂的翻转教学模式。

针对翻转课堂教学模式在推广过程中遭遇的问题，构建了教、考一体化的雨课堂翻转教学体系，研究了雨课堂翻转教学方案设计的一般方法，制定了基于雨课堂的翻转教学考核方法，教学实验证明雨课堂翻转教学模式的教学效果优于传统翻转课堂教学模式，调研表明基于雨课堂的翻转教学模式继承了微信的广泛使用性，是一种学生感兴趣、教师愿意采纳的教学模式，因此具有广泛的推广潜力。

第三节　翻转课堂与在线学习、混合式教学

一、翻转课堂与在线学习

翻转课堂实施有两个重要环境，分别为线上环境和线下环境。下面主要

从翻转课堂的本质入手，探讨分析基于翻转课堂教学理念的线上环境的设计。

（一）翻转课堂在线学习环境现状

当前网络教学平台众多，运用在教学中时常会出现功能有限、教学内容不够贴切、教师无法按照思路开展教学等问题。

1. 教学平台功能有限

在教学中教学平台的功能十分重要，如果网络功能有所限制，翻转课堂就发挥不了其借助多媒体教学的优势，学生的网络学习会变得死板生硬，这样一来，翻转课堂反而失去了相对于常规课堂的优势。某研究人员对于国内教师的翻转课堂进行的调查显示，许多教师都利用对线下课堂的教学方式的创新与翻转课堂相结合，从而达到课堂教学的理想效果。但仍有不足的是，大部分教师只在网站上发布教学要求和视频，并没有注重设计在线学习环境；也有些教师只进行了简单的设计，并在网络教学工程中使用视频、网页、幻灯片等方式来进行交流。

研究者研究了这些翻转课堂的在线环境后发现，许多网站的工作都没有做到完美，都会出现学习材料不能直观表达和功能简单的问题，教师无法充分地表达自己的教学思想和教学方式，这是由于网络功能限制、教学平台功能有限导致的。

2. 教学方式单一

教学方式单一也是翻转课堂存在的一大问题。现如今翻转课堂的教学形式容易被人所误解，许多人认为翻转课堂就是给学生观看具有教师教学理念的教学视频，然后再进行课堂讨论，但是，翻转课堂并不是只有视频录制。

现有的线上教学方式多为学生单方面观看视频与微视频同时辅以课后简单测试的形式，少数课程采用在线讨论学习，但收到的效果甚微。要实现真正有效有用的线上教学，翻转课堂要求课程像线下教学一样进行精细教学设计，而不能局限于简单的教学资料呈现。与传统线下课堂相比，翻转课堂的教学内容采用更新的网络和计算机技术，教学设计过程更加复杂。学习者想要促进学习，必须参与实际问题的解决和运用新知识。

3. 信息交流利用率低

在一些线上教学平台中，存在着以教师发起主题由学生讨论或学生互相讨论的 BBS 形式课程内容在线交流。但由于 BBS 信息的混杂性，这些讨论内容往往被淹没在大量的其他话题讨论帖子之中，不能轻易地被有需求的用户找到。即使找到了相关讨论帖，其内容质量也参差不齐，缺少真正的学习交流内容；此外还存在师生之间缺乏互动和信息无法及时被回复的现象。

（二）在线学习环境设计思路

实现学生的深度学习是翻转课堂的核心思想和主要目的，而技术作为翻转课堂的重要支持手段，有助于这一目标的实现。为了满足教学需要，应在对现有教学平台充分的认识下，立足翻转课堂的教学特点和模式来设计网络教学平台的功能与内容。

对于教师和学生来说，课前学习都是巨大的挑战。教师应从学习资料设计方面着眼，保证其对于学生的可接受性与易接受性；学生则是要克服重重干扰，保证自己能够在计算机上学习到有用内容。翻转课堂要求网络课堂还原传统教学环境，并充分利用网络学习的优势开发其他功能。

1. 教学流程控制

教学流程由各式教学活动组成，这些教学活动或是灵活的、可随意穿插使用的，或是有固定的先后顺序进行开展。学习平台在设计时应考虑到教学活动的不同特点而对学习者活动流程进行控制。教学平台应实现学习者基本信息与学习进程的可视化，若设计了复习环节，学习者应先完成复习任务后再进行新课程的学习。若依据教师教学需求设计了作业环节，作业提交环节应在学习者完成这一部分知识的学习后进行。若网络学习平台要满足学习者随时获取信息、资源、教师帮助的需求，互相交流的功能就应该设计为学习的全过程都可以使用的形式。

2. 教学材料的呈现设计

整个教学过程之中，由于教师教学手段的不同与学习者的学习要求不同，教师可能要为学习者提供学习材料。网络教学平台在上传文档、音频、视频等教学材料的功能上应具备良好操作性。同时由于网络这一学习平台的特殊性，在线测试等功能也十分必要。

如何呈现教学材料应该根据教学的不同特点来选择：首先，学习平台应该具备最基本的资料搜索功能；其次，对于同一知识点或有关联的知识点，学习资料应该归纳起来存放，以方便学习者迅速查阅。由此可见，网络学习平台除了按照类别来呈现学习资料这一传统方式外，还应该对学习资料的呈现进行主题与知识点的设计。

3. 互动交流设计

教师与学习者之间没有交流和互动，会让双方都产生孤独感，从而无法达到更好的教学效果。

第一，应该保证教师与学习者交流的即时性，采用论坛沟通与即时软件沟通。以论坛的形式供教师与学习者发表各类交流帖，也可以将微信、QQ 等即时在线通信工具加入其中，让不同学习者找到最适合自己的交流方式。

第二，应该根据不同的交流内容进行分类。比如将论坛分为灌水区和学习区，并将学习区按照学习的课程、科目、知识点等进行分类，让教师与学习者可以精准找到感兴趣的内容，提高交流的效率和效果。

（三）在线学习环境的实现

综合上述分析，从教师和学生的角度实现翻转课堂在线学习平台的功能。

1. 教师的角度

教师的功能具体表现在：发布教学资料，设计浏览规则；查看学生在线状态，查看学生学习进度；批改作业，填写分数评语；发布回复话题；在线交流。

教师可以将教学资源整合起来，通过视频、课件、作业等形式发布出来；同时，教师在发布教学资源时设置相应的浏览条件也是其中较为关键的一环。例如，只有进行了课前预习的学生才可以观看学习视频。学生只有在学习了教学材料后，才能够完成作业，并将作业上交给教师。

同时，教师也应对学生的学习状态有深入的了解，并能及时掌握学生的学习情况，进一步了解学生的学习时间和对学习资源的学习进度。

从主观题和客观题来说，系统会自动对客观题进行打分；而对于主观题，则由教师亲自审阅。同时，教师学生可以在论坛上或者第三方通信软件上进行即时的沟通交流。

2. 学生的角度

站在教学的顺序来说，教师可以对学生端加以控制，比如通过设置浏览条件或者由学生自由浏览。如果是条件浏览，教师可以设置学生在登录后只能温习知识点，只有完成任务后才能够深入学习。如果是在学习过程中，则不需要受到顺序的限制；同时，学生在完成学习任务后，接着进行巩固训练，之后才能够上交作业，并且在学生学习的过程中，交流与沟通是必不可少的，以此来达到互动的目的。

二、翻转课堂与混合式教学

目前国际教育技术界的共识是，只有将面对面教学与网络教学结合起来，使二者优势互补才能获得最佳的学习效果。因此，混合式教学模式的构建必须建立在面对面教学与网络教学二者相互作用的基础之上，通过不断进行综合性评价，逐渐达到最优教学效果。基于翻转课堂混合式教学模式的设计思想如图 4-4 所示。

另外，构建混合式教学模式，必须具备一定的资源，主要的资源包括：(1) 具有一定专业知识和信息技术素养的教师，该教师要针对课程制定教学目

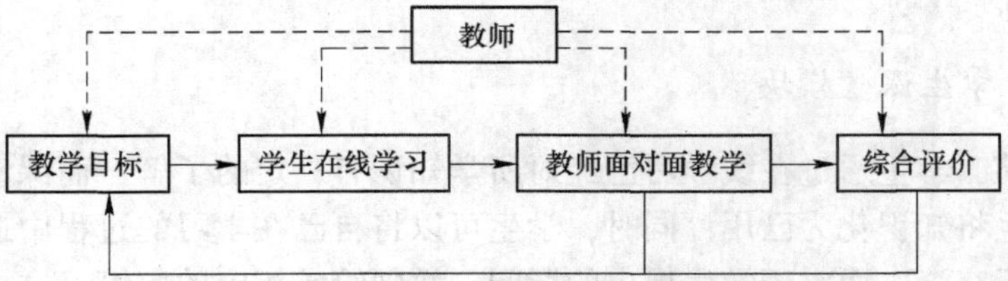

图 4-4 基于翻转课堂混合式教学模式框架

标，提炼知识点，提供课程教学视频、教学课件以及其他类型的多媒体教学资源；（2）具有网络教学平台，网络教学平台是学生学习的载体，学生通过网络教学平台获取教学资源，进行学习交流。

（一）教师在线模块

教师要以教学目标、对象、内容作为教学的基本出发点，以此来设计合理的教学方案。学习任务分配、划分学习小组、制定评价标准等都是教学设计的主要内容。教学资源可分为教学视频、微课、教学 PPT 三大类。课程主讲教师可以将其录制的教学视频上传到网络公开课的教学视频中。而对于课程中，教师可以将实践内容做成便于学生观看练习的微课。教学中 PPT 的应用日益普遍，但是教师在制作 PPT 时一定要删繁就简，同时也要指出重点。

同时，教师在网络教学中要进行答疑和指导的工作；学生可以将自身所遇到的问题与教师进行及时交流探讨，教师要及时对学生进行指导；另外，教师也可以通过邮箱、QQ 等软件进行在线答疑解惑的工作。

（二）教师课堂模块

翻转课堂不仅改变了传统的教学方式，同时也将教学内容、知识化表为里，教师将课堂中的大部分时间都花费在学生身上，观察学生的学习情况，解答学生的问题，以及进行师生间的共同探讨。通过这些方式教师能够更好地掌握学生的学习情况，进而加大对学生学习的监管力度；同时，教师也可以在课堂上指出教学难点和重点。

（三）学生在线模块

通过在线模块学生可以对所学知识进行深入的了解。首先，学生先要接受教师的任务，通过教师提供的教学资源进行自主学习；学生遇到问题时也要和教师进行及时的探讨，来不断完善自身对知识的理解。其次，学生要积极完成教师布置的作业与任务，在学生学习过程中，学生应对自身所遇到的问题进行记录，积极与教师，同学交流讨论，对于课堂中无法解决的问题，可以通过教师指导解决问题。

（四）学生课堂模块

在课前，学生通过在线学习已经对所学知识有一定的了解，而课堂教学的任务就是学生将知识化为己用；同时，学生可以将自己在学习的过程中遇到的问题与教师进行交流，而对于学生提出的疑问，教师给予相应的解答，这样学生对知识的掌握程度也会日益提高。

第五章　外语翻转教学的实践研究

翻转课堂作为国际化创新型教学模式，有着传统教学无法比拟的独特优势，引进翻转课堂并将其应用于我国大学外语教学实践，可以有效突破当前大学外语教学发展之困境，为我国高校学生的外语学习提供较大便利，从本质上实现大学外语教学的深化改革，从听、说、读、写等方面全方位地提高我国大学外语教学水平和大学生外语综合运用能力。本章围绕翻转课堂与外语听力、阅读、写作教学展开论述。

第一节　翻转课堂与外语听力教学

听是言语活动的主要形式，也是人们获得信息、进行交流和实现语言交际功能的重要手段之一。在外语教学中，听力是外语综合能力的主要组成部分，听力教学是提高外语综合交际能力的中心环节。然而，对于大部分大学生而言，听力一直是个比较薄弱的环节。听力的提高受到很多因素的制约。尽管有很多尝试，但听力教学改革步履维艰，效果与投入相差甚远。面对此种现实，教育工作者，尤其是外语教学人员，应该积极深刻反思此种现状，并力争找出对症之策，努力改善学生的语言学习方法以及学习效果。因此，“翻转课堂”的教学理念出现在了一些高等教育的课堂实践中。翻转课堂通过对教学结构的颠倒安排，重构教学流程，对外语听力教学有重要的启示。

随着新技术的出现和时代的变革，高等教育外语听力教学也应该尝试以翻转课堂的形式做出适当的调整。大学外语听力翻转课堂教学新模式具有灵活性、时效性、开放性、模块化和多模态输入等特点，将翻转课堂的观念引入听力课堂，进行有效的翻转听力教学尝试，学生不再是知识的被动接受者，教师也不再是放音者，有利于实现学生的个性化学习，并为学生创建良好的语言学习环境和条件。将翻转课堂应用于大学外语的听力教学中，教学反馈效果良好。

一、大学外语教师听力教学信念与学生听力水平现状

（一）大学外语教师听力教学信念

整体而言，现阶段我国大学外语教师有着相对成熟的听力教学信念。听力宏

观与听力微观相结合，不同模式的相互补充，加上听力教学中特有的层次性。对听力任务的认知程度以及听力内容猜想属于宏观维度的范畴，词汇理解等对词汇的认知则属于微观维度的范畴，两者都有自上而下的理解模式的影子。站在属于微观范畴的模仿复述信念的层次来讲，其内容包括听力理解、语音、语调等不同的态度。

但是，目前我国的大学外语教师不能在实践中充分运用自身的教学信念，脱节现象日益严重。主要原因是由外部因素以及知识的不合理调用造成的。

同时，教师面对新的教学要求，要不断改进教学方法，逐步提高学生的学习兴趣，在众多高校的重要课题中提高学生的外语听力能力就是其中重要的一项。

（二）大学生听力水平现状

大学生的听力水平现状不容乐观，学生的听力水平问题主要存在以下几个方面。

1. 外语听力基础薄弱

学生的外语听力基础薄弱。在现今的教学体系中，高中阶段就已经有了听力教学的课程；但是深受应试教育的影响，教师和学校不得不忽略现代外语语言交际对外语听力教学的需要，而重视高考试题的研究和调研。在尚没有听力考试的省份，为了提高学习成绩，听力课多被教师占用。这样的教学方式使大多数学生并不适应。虽然基本功比较扎实，但是外语听力能力相对较为薄弱，甚至在情景交流中学生会出现听不懂的情况。从外语新闻来说，其自身的特殊性就已经让学生无所适从，所以学生在接触外语新闻时会难上加难。

2. 学生具有听力焦虑情绪

焦虑对语言学习的诸多方面会产生巨大影响，其中对听说两方面的影响尤为突出。外语听力焦虑是指外语学习接受者由于担心对听力信息的理解产生误释、信息处理不足或不能及时调整的一种心理紧张和恐惧感。焦虑情绪对学生的听力活动尤其是理工科类大学生产生了负面影响。

以调查问卷的形式进行数据统计，调查结果显示不同层次学生存在的听力学习问题表现出一些明显的差异性，如外语专业本科学生返回的问卷中仅有少部分人认为词汇“常常”或“总是”成为听力的障碍，而在非外语专业低年级学生中大部分人认为词汇“常常”或“总是”成为听力的障碍；对学生听力前的焦虑情绪调查结果表明，非外语专业学生在新闻听力前“常常”或“总是”感到焦虑的比例较大，“有时”感到焦虑的学生比例较小；同样地，外语专业学生中“常常”或“总是”感到焦虑的比例较大，“有时”感到焦虑的学生比例较小，两者比例接近，这表明在外语听力前感到焦虑的学生占有很大比例，焦虑可能是学生无法很好听懂外语听力的一方面原因。

调查结果还显示，焦虑情绪与大学生的外语听力成绩呈显著负相关关系，所以当学生在听力出现明显的焦虑情况时，听力成绩就会降低；在没有焦虑的情况下，成绩会提高。学生焦虑的产生有五大原因：紧张感、听力技巧的缺失、对于听力背景知识不够了解，以及外语水平相对较弱、听力材料过难。在面对焦虑时，学生采取了不同的应对措施，小部分学生采取积极的应对方式，轻松地解决了自身的焦虑问题；而大部分学生选择了逃避等消极的应对手段，最终也没能克服焦虑。

3. 听力存在诸多困难

语言测试是检验学生语言水平的重要手段，它能全面、客观地衡量受试者的语言水平和交际能力。从测试调查分析来看，学生对外语学习感到最困难的是听力。学习语言的目的是交际，而听说作为语言交际能力的重要表现形式之一必须加强培养。从合格率对比方面看，阅读、综合、写作这三项得分明显高于听力。由此得知，听力是高校外语教学中的弱项，同时也是阻碍学生通过英语四六级考试的重要原因之一。根据研究结果，学生的语音识别能力较弱，对轻重音、强弱读、连读方面的认识较差，语音能力也相对较弱。所以学生在实际交流中不能完全听懂交际语言。

4. 听力技巧不足

同时，学生的听力技巧较弱且听力技巧的掌握度较差也是阻碍听力水平提高的重要原因之一。需要教师和学生共同努力，教师更要对其进行深入的听力技巧的讲解。

在整个听力过程中，学生只能听到个别词汇，但是对听力材料的通篇理解，显然是不可能的。所以，很多教师开始鼓励学生大量地背英语词汇，到最后，花费大量时间记忆的单词数量日益增多，但是在实际的听力考试中，学生能听懂的词汇还是很少。要对这种现象做出解释则要用到图式理论。图式是指一个由语言、词汇、句子，以及大脑中原有的知识构架组成的用来阐述观念和意义的有机整体。听者最终无非是要确定所听内容的主体。根据研究结果，语言知识和听力背景相互融合作用的过程就是听的过程。

在听力测试时，大脑能否对所听内容有相应的图式反应是影响听力过程的重要因素之一。因此，听者在听的过程中，脑中的图式越多，就越能够刺激图式的增多，对听力的理解也就越正确。所以，教师不仅要传授知识，更要不断发掘学生的已有图式，完善学生的知识结构，以此来让学生对新的内容有更为深入的理解。为了实现这一目标，就需要教师对学生不断地进行鼓励，指导学生不断积累知识，提高自身基础能力，以此提高学生的听力理解能力。

二、听力学习环境的困境

（一）语言学习环境差

学生在母语环境中学习外语，没有很好的语言学习环境。虽然目前高校的听力设备多样化，但大部分院校的语音实验室没有在课外对学生开放，学生在课外无法进行大量的听力训练。虽然学校常年都聘请外教任教，但外教只担任外语专业学生的教学任务，其他专业的学生很少有机会听到外教授课或与外教直接交流，提高听说能力的语言环境仍然匮乏。目前，外语听、说活动仅仅局限于课堂上，师生间、学生间很少有机会利用业余时间进行会话练习。

（二）教材资源缺陷

教材在大学外语教学体系中处于中枢地位：一方面，它是教学大纲的具体化；另一方面，它又制约和影响着课堂教学的方法和模式。要深入研究现阶段大学外语新闻听力的现状和所存在的问题，就必须研究现阶段高校外语新闻听力使用的教材资源。调查显示，多数学生对于现行听力教材的时效性和趣味性认同度较低。

（三）课时相对不足

课时相对不足是影响学生听力水平提升的一大因素。在大学期间，学生要面临专业课及选修课等，英语作为基础课，本来安排的课时就不多，对于大多数学校来说，英语考核还停留在笔试的应试教育阶段，听力考核只是其中的一小部分，这样大多数高校在英语课程设置方面，会优先词汇、语法类的教学，听力教学的课时安排相对不足。对于这样的现状，学生可以通过课堂外的英语听力练习来提高自己的英语听力水平。但是我国的多数学生由于各种各样的原因较少在课堂外进行额外的英语听力练习，即使是看原声电影或者参与英语类课外活动都较少。在课时安排不足的情况下，又不额外参与课堂外的英语活动，导致我国高校学生在英语听力方面相对薄弱。

三、翻转课堂在大学外语听力教学中的应用探析

随着“互联网+”时代的到来，“翻转课堂”作为一种全新的教学方式在高校的外语教学中备受青睐。翻转课堂教学模式符合外语专业技能训练的教学规律，对于外语听力的教学，不是简单的词汇与语法的叠加，而是通过长时间的练习与语境熏陶养成的，正是因为外语听力教学有这样的特点，所以其十分适合利用“翻转教学”的方法。英语听力教学与其他板块的教学方式应有所区分，应该更注重学生的主观能动性，关注课堂上学生的积极参与，在这个过程中学生是主角，教师需要引导学生参与听力训练。“翻转教学”能够有效地弥补英语听力课时不足的情况，在提升英语教学效果方面比传统的听力教学效果更明显，也有助于提高教学质量。但把翻转课堂与大学外语的听力教学相结合的同时，也面临着巨大的挑战，需要教师不断创新。

（一）翻转课堂与大学外语听力教学结合的方法

1. 充分利用 TED 资源

TED（technology，entertainment，design）是美国的一家私有非营利性机构，宗旨是“用思想的力量来改变世界”。TED 演讲的领域已从最初的技术、娱乐、设计三个领域扩展到了各行各业，演讲者涉及科学家、哲学家、艺术家、探险家、心理学家、语言学家、宗教领袖、慈善家等。每年 3 月，TED 大会在美国召集众多科学、教育、商业、环保、设计、文学、音乐等领域的杰出人物，分享他们关于技术、社会、人的思考和探索。

TED 官网的可及性、思想性、广度及深度保证了翻转课堂的实践。

TED 的演讲者来自各个领域，并且都是自己所在领域的引领者，演讲的内容都是本领域较为先进的信息，这样的演讲内容对于高校学生是十分宝贵的学习资料。也正因为演讲者来自各行各业，所以演讲的内容涉及各个方面，有利于让学生了解各领域的信息，拓展语言及知识的宽度。演讲视频相较于大学教材的听力录音而言，因为是真实的语言环境，所以更能体现出语言在实际交际中的真实性。演讲者来自各个国家及地区，在口音及表达方式上会呈现出细微的差别，这也有利于学生了解多个语言地区对于语言的应用情况及特点。TED 的这些特点均对学生练习英语听力有很大的帮助。

另外，TED 的视频多数是 10~20min 的长度，这与翻转教学的视频时间很相近，适合学生做听力练习。这些视频本身是没有字幕的，但是在官网有一项互动的功能，打开互动功能可以看到演讲的文字性内容，这给了学生一个自主选择，可以根据自己的学习情况选择是否开启字幕。TED 的官网是按时更新的，学生可以根据官网更新的时间来计划、安排自己的学习计划，做到规律学习。学生通过 TED 可以接触到真实的、纯正的外语交际的语言环境，并扩充自己的知识储备，增加自己的语言宽度。

2. 加入多样化教学工具

（1）外语歌曲欣赏。外语歌曲的欣赏也是一项很受学生欢迎的外语听力练习项目。在学习疲劳时，听一曲外语歌曲，既能释放压力，让心情愉悦，又可以通过歌词学习外语的表达及语法，同时在听与学唱的过程中，还可以熟悉、学习外语的发音及情感语调表达。歌曲的选取上应十分讲究，要尽量选取一些与学习的文化背景相同的歌曲，学生在理解背景情感的情况下，更容易理解演唱者在感情上的处理。在这样的情况下，教师可以结合歌曲编辑一些题目留作考核，学生是十分容易接受的。

（2）外语竞赛视频。外语竞赛的视频多是比较激烈的语言碰撞。让学生多接触外语竞赛类的视频，可以让学生学习英语“说”的技能的另一种表现方式，也能提升“说”外语的应变能力。在外语的听说培训过程中，需要让学生了解、学习更多方式的外语，快速地提升能力。

（3）影视作品欣赏。影视作品不同于其他形式的表达，是在特殊背景环境下，赋予每个人物自己的性格、特征、情感。在这样的情形下，学生更容易被吸引，跟着角色的情感思考，逐步让学生忘记自己、忘记紧张，与电影里的角色同喜同悲，逐渐与电影里面的角色共同去发声。这是一个让学生放开紧张、放开局促很好的方法，通过影视作品的欣赏，多数学生可以尝试“开口”交流。

（4）访谈视频。大多数学生都有自己喜欢、崇拜的偶像，一般是名人明星，例如影视演员、歌手等。对于他们喜欢的人他们更有兴趣去了解，利用学生的兴趣，找些名人、明星的英文访谈视频给学生观看，有助于锻炼学生的听力能力。这类访谈是真实的交流场景，并且被访谈者会有感情地分享一些事件，这对于拓宽学生的外语知识宽度及利用外语的情感表达都是有很大帮助的。

3. 建立多元化考核机制

为了保证“翻转教学”的实施，需要学校建立多元化考核机制。原有的考核机制以书面考核为主、以期末一次性成绩为主，由教师拟定考试试卷的形式考核学生。这样的考核方式，容易让学校及教师在制订教学计划的时候过于重视应试内容的教育，忽略了应用能力的培养，这不利于现今社会对人才的需求。评价体系的参与者主要是教师与学生，多元化的评价考核机制采用主体间的互评等方式，让评价结果多维化，更贴近实际水平状况。多元化的考核机制可以带动学校教学计划的改革，以适应社会对实践型、应用型人才的需求。

原有的考核模式均为结果型考核模式，在一个学习周期结束时以考试试卷的形式进行考核，考查的是学生对于这一学习周期所学的知识的掌握情况，以最终结果为评价结果。这样的考核方式比较单一，对于一个学生的评价不够准确。建立多元化考核机制，需要补充过程性评价，对于学生在整个教学的过程中的参与教学情况、阶段性知识抽查、教学参与的各个角色间的互评等方式进行评价，将众多评价结果按照评价体系的设定综合为一个最终的评价结果，这对于学生的评价更客观更全面。

（二）翻转课堂与大学外语听力教学相结合的优点

1. 提高学生的综合能力

以外语听力为代表的外语专业技能类课程不应仅限于培养学生的语言技能和专业知识，而应更加重视学生的思辨能力、实践能力、自主学习能力等语言外专业素养的提高。通过采用“翻转课堂”的教学模式，听力课程从以往“填鸭式”的教学方式转变为课前学生自主学习、课上教师精讲和师生互动，课下学生巩固提高的新型教学模式，可实现全程教学、全员参与，有助于学生专业能力和综合素养的同步提高。

2. 激发学生学习的积极性

将翻转课堂应用在大学外语专业听力教学中，相比原有的大学英语专业听力教学，翻转课堂的模式不再限定学习的时间及地点，让学生能够自主地选择学习时间及地点，能充分地调动学生的积极性。不限定时间的学习，可以利用学生的碎片化时间进行听力练习，在不断地积累中提升能力。翻转课堂的模式结合网络资源，教师根据学生的层级加入适合的听力材料，材料的形式可以多样化，如上面提到过的外文原声电影、英文歌曲、名人访谈等，让学生根据自己的时间安排选择喜欢的听力材料进行练习，利用小块的时间，慢慢积累，从而提高听力能力。

3. 解决传统课堂课时不够的问题

英语听力能力的提升是个逐步积累的过程。但是传统的教学计划设置中，课堂的听力学时设置不足，即使在外语专业的课程设置中，每周的听力学时也基本在2~4学时，这样的设置对于能力的提升是远远不够的。“翻转课堂”的创新性加入，解决了这一问题，让学生可以随时随地进行听力练习。尤其是网络教学资源的加入，改变了传统的英语听力课堂上学生利用教材配套的听力材料进行练习，期间由教师进行讲解的方式。翻转课堂通过网络平台，让学生可以在任何时间、任何地点登录平台，实现听力学习，在遇到困难的时候可以在线寻求同学及教师的帮助，增加学习时间及交流互动的机会。听力练习的时间大大增加，对教学效果的提升是至关重要的。

4. 实现学生亲自体验参与

为了提升课堂教学的效果，需要督促学生进行课前学习，在课前的预习环节让学生能对课程有个大致的了解并以总结或交流的形式与教师分享。要想达这样的效果，需要做到以下两点：

首先，要在课前熟读材料，在听、读的过程中，解决词汇及语义部分的障碍。在熟悉文章并理解文章主题后，可以利用多样化的方式进行练习，在这一环节可以让学生根据文章的主题思想，用自己的语言重新组织后复述，也可以由教师根据文章主题设置一些问题，由学生回答。这个环节的进行方式是多种多样的，在“翻转课堂”上可以用于练习学生的听力以及英语实用技巧的培训。

其次，要实现学生的亲自体验参与，课前的预习不是简单地看资料听资料，要让学生用自己的理解、自己的方式将其表达出来，其中角色扮演是个很好的方式。让学生根据资料内容自由组成小组、自由分配角色，在课堂上根据自己对资料的理解结合角色表演出来。这样的课程设置可以调动学生的积极性，增强课堂的活跃度。

5. 翻转课堂下语言输入数量具有累积性

听力能力的增长不是简单的听多少吸收多少，而是要大量的听，从中逐步吸收。为了保证听力训练的成效，需要加大输入的数量，逐步累积，达到目的。传统的教学模式，受课时有限的影响，只能在课堂实践中不断地反复地听教学资料，在听资料的同时结合教师的讲解，课后由教师安排作业增进对所学内容的掌握。这样的传统听力教学模式有很大的局限性，很难达到听力训练所需要的“量”的输入。“翻转课堂”正好可以弥补这个缺点。翻转课堂的教学模式在语言听力输入上不需要限定时间、地点，可充分利用学生的碎片化时间，在课前就实现大量的听力输入，再利用有限的课堂教学时间与教师就学习过程中遇到的问题进行交流，可以大大提高学习效率，提高学习效果。

（三）大学外语听力翻转课堂教学模式设计

利用翻转课堂教学模式进行教学，最重要的是教学模式的设计，在课前一段时间教师就要准备好听力材料以备学生预习，这样可以将材料的学习过程放在课前完成，在课堂实践时教师就有更多的时间做拓展性教学，以提高学生的听力能力。

1. 教师准备

（1）编辑与教学相关的资料。教材是教学过程的依托，在课前准备阶段，教师要编辑好与教学相关的资料，传统教学过程中，资料主要是教材配套的听力资料，这些资料基本是设计好语境，在录音棚里用标准的口音录制出来，语音标准，但是缺少了实际交流的语言氛围。这就要求教师在准备资料的时候加入一些自己制作或者借鉴其他市面已有的听力资料。教师在准备资料时需要根据每节课的实际情况，分析词汇、语法知识点，结合这些去差别性地定制音频教材资料。学生通过教师准备的资料，在课前了解、掌握这些知识点，完成基础知识的获取，将课堂时间用于与教师交流提高，这对提高学习效果有很大帮助。

（2）整合网络的扩展资料。听力练习是量变导致质变的过程，这就要求学生在完成教材的基础上，多接触其他相应水平的外语听力资料。目前，随着互联网的发展进步，网络上的公开资料十分丰富，学生可以自主地通过网络寻找符合自己英语能力的资料进行学习。同时，在选材方面，教师可以结合学生的实际情况给出合理的指导，协助学生选取适合他们英语能力的资料。

教师应合理地利用互联网拓展资源的知识宽度。教师要通过网络资源选择符合学生层次的视频资源，在课前预留足够的时间布置给学生学习观看以及完成相应的任务。因为一个班级的学生是有不同基础的，对待不同基础的学生要有不同的方法及要求，所以教师需要对所有的学生进行分层，一般按照英语知识的掌握情况及能力情况分层次，对于英语能力比较强的学生，对应安排的任务要复杂一些，例如需要他们通过这个视频自己通过互联网了解其余背景资料；对于能力较弱的学生，可以适当降低要求，仅需要理解资料所讲内容即可。在学生完成任务之后，所有人在课堂上进行交流，自由讲述自己通过这个任务所得到的收获。

（3）课内教学准备。在课内教学准备这一环节上，教师首先要做的便是熟练掌握本节课的翻转课堂视频内容，然后通过交流平台上学生反馈的疑问，总结出课上需要重点讲解的地方，在此基础上挖掘一些适合在课上交流讨论的深层次探究话题，并把课上探究话题发布在课程论坛。

2. 学生活动

学生的活动主要是进行课前的自主学习，主要包括两项活动：熟悉学习任务和观看翻转课堂视频。为了达到更好的学习效果，每个环节结束后可返回上一环节重新学习。

（1）熟悉学习任务。在课前可以通过教师布置的任务了解即将学习的内容，并且与其他人进行交流，以保证更好的学习效果。

（2）观看翻转课堂视频。教师将翻转课堂的视频放在互联网平台上，学生可以随时随地登录平台观看或者将视频下载下来随时观看。观看视频的过程并不是简单的观看内容，要求学生在这个过程中学会思考、学会记录，结合教师布置的任务将自己在学习过程中遇到的问题及感想记录下来，及时与教师或同学交流。

3. 课堂教学

课中要抓住教学重点。由于在课前有了充分的准备，在课堂中，教师不用反复播放一段音频或视频，学生带着困惑和问题来到班级；教师在把握重难点方面更加确切。比如在听力中有讨论新生刚到校的题材，除了讲解在听力中涉及的技巧和技能之外，教师可以把话题引向学生更感兴趣的熟悉的环境。新生开学会有些情绪，如“nervous”“excited”“homemissing”，这类形容词在特定的场景中都会出现，教师需要花更多的时间和精力去解决听力中除了“听”以外的技能。

多样化的课堂活动可以检验学生的学习效果并激发学生的学习动力。上课前，利用翻转课堂让学生完成了教育的基础目标，将耗时较长的内容完成。在学生对于即将学习的内容有了一定的认识之后，在课堂实践时开展教师与学生有准备的交流，这对于学生英语能力的提升很重要。同时，课堂上可以利用丰富多彩的形式对外语资料进行反复学习，在每一次的学习中，都要尽量深挖资料背后的背景及知识，有利于拓展学生的外语知识面，多样的形式也能调动学生学习的主动性。

4. 个别化辅导

翻转课堂并不是说教师不参与学习过程，虽然大多数的教学内容由学生在课下自己学习并完成教师布置的任务，但是在这个阶段的结束，课堂活动的开始，教师考查每个学生的理解与学习情况，对于对教学内容理解有偏差、学习有困难的同学进行个别化的辅导。课前自学结束后，紧接着就是课堂的讨论过程，在这一阶段，大多数的主动权掌握在学生手里，由学生主导交流的内容与节奏，教师仅负责在这个过程中督促学生的参与及进行过程中的考核。所以教师一定要在教学课堂的一开始对部分学生进行个别化辅导，及时纠正偏差的学生，不然在交流开始后，正确的与错误的，错误的与错误的，各种情况糅合后会出现更多的问题。个别化的辅导不局限在一个时间，也不一定只有一次，在课堂的各个阶段（课前、课堂进行中、课后）都可以进行，教师需要在每个阶段对有偏差的学生进行辅导纠正，以达到教育的目标。

5. 阶段性反思与总结

进行阶段性反思与总结，归纳教学不足，促进教学逐步完善。传统教学的节奏很紧张，在课堂上教师处于传授知识的角色，整个过程中都处于紧张与忙碌中，教师根本没有时间与精力去反思自己在教学过程中的错误，也没有时间去总结教学过程中的经验，这对于教师本身的提升很不利。现在利用翻转课堂的教育模式，教师在课堂上是参与者，有足够的时间观察课堂反应与学生情况，在观察中反思与总结，可以根据课堂的实际反应随时调整教学计划。时间与精力上的宽松使教师可以在每个阶段进行反思与总结，有利于在进程中动态地调整教学计划，取得更好的效果。

第二节　翻转课堂与外语阅读教学

一、大学外语阅读的要素及意义

（一）大学外语阅读的要素

1. 获取信息

对于非外语专业的学生们来说，毕业就职后，许多学生都丢弃了阅读的习惯，偶尔进行阅读也只是为了获取所需的信息，所以阅读课的重要目标是如何让学生利用阅读来获取相关信息。在学校所上的阅读课都太过于注重细节，如好词汇、好短语、好句型的构造，有些甚至想要摘抄记录，这种精益求精的阅读方式使得阅读不断被打断，重心都放在了记住单个的好词句而疏忽了把握整体的中心思想，从而往往一叶遮目，缺失了阅读的重要意义，这种问题在阅读课中是一种常态。针对这个问题，在教学中就要有目标性地进行总结“核心意思”的阅读培训，让学生在阅读后能总结出文章的主要事实和中心思想，从而将学生的专注力导向于把握文章的中心意思而非华丽的修饰辞藻上，这种有目标的针对训练能使学生以后为获取信息而进行阅读的能力得到提升。将这种训练作为一种常态的、日常的学习任务，可以培养学生形成好的阅读习惯，助其以后快速获取信息。

2. 阅读速度

阅读速度并不是通常认为的快速阅读，阅读速度在“大学外语课程教学要求”（以下简称“课程要求”）中就做了明确规定，每分钟阅读 70~90 个词（“较高要求”）。因为从目前学生的阅读现状来看，大部分学生都无法达到这种阅读速度，所以无法面对现在这种外文信息爆炸式的来袭。阅读存在的问题也应该引起各大高校的重视，教师应该做好引导工作，有目的、有针对性地引导学生进行阅读速度的训练，并予以计时，然后再让学生总结出有关文本的中心意思，这种“速度意识”的养成能杜绝学生慢腾腾的、没有效率的不良阅读习惯。

3. 阅读注意力的持久性

集中精力来阅读一段较长文章的能力被称为阅读注意力的持久性。这种能力是至关重要、不可缺少的，但是也是高校一直欠缺和忽略的。经过加工的有效的阅读材料长度大部分都在 800~1000 个词之间，而未经编辑甚至脱离客观事实的原生资料肯定都大大超出了这个长度，面对这种篇幅庞大的文章往往使阅读者产生厌烦心理，无法坚持阅读完毕。因此，教师在备课阅读教学课件时，要有目的、有针对性地增加文章篇幅，培养学生在外文阅读上的快速阅读能力和阅读耐心，这是国内学生所缺乏的，也应该重点引起教师的注意。

（二）大学外语阅读的意义

阅读对于学生学习外语来说特别重要。简而言之，掌握了基本的语音、语法知识和语言技能以后，要真正提高外语水平主要靠阅读。甚至可以说，好的外语是“读”出来的。语言水平之高下，在一定程度上取决于阅读量的多少。

1. 阅读是培养语感的有效途径

语感的产生需要大量的阅读量，大量接触多彩多样的语言现象等。语感是学习外语的重要途径，语感是一种摸不到抓不住的一种感性感觉，这种感觉促使学生在外语阅读和交流时可以融入外国人的语言使用习惯，根据语境来组织语言，而非拘于语法的使用条框，照本宣科、生搬硬套。虽然语法都没错，但句意却不通的常规错误在国内的高校中是时有发生的，所以要想学好外语，就必须具备语感。而对于非母语者来说，只有大量的阅读才能获得外语语感。

2. 阅读有助于写作

大量的阅读才能积累大量的词汇，阅读多了自然会在写作中应用到，从而写作也会有质的进步。中国现阶段的高校学生，外文写作应该是相对薄弱的环节，这除了写作本身有一定的难度外，还由于教学上关注不够；当然最主要的原因是阅读量不够，学生看到大篇幅的外文文章就产生畏缩惧怕心理。学好外文需要全方位的练习，大量阅读就是其中一种方法。阅读量的缺失导致写作时无法灵活运用各类语法和各种词汇，自然写作难以成文。很多高校都开始关注读与写之间的密切关系，开设了“读写课”等有关阅读的课程。只有学生真正读懂了阅读资料，才有利于掌握语言的表达方式，获得语感，并应用到写作当中。所以阅读是写作的基石，是经过了外文学习多年的经验之谈。

3. 阅读是获取信息的首要手段

大学生学习外语不外乎为了毕业后就职更加顺畅，熟练掌握好一门外语不但可以与同业的外国人直接进行语言交流，避免翻译的二次错误；更重要的是可以直接通过外语资料获取专业信息，以便利用到自己的工作中去，减少翻译时间的浪费。人们可以通过“听”和“读”来获取有用的信息，但不管是传统的纸质书籍还是互联网中的电子书，重点还是要通过“读”来达到目的。因此，在信息时代，信息每天都在日新月异地更新，教师引导学生快速有效地阅读是一个刻不容缓的任务。

4. 阅读有助于扩大词汇量

外语词汇的积累主要是靠不断地重复和不断的阅读来获取和加深记忆，阅读也是扩大词汇量的一个重要方法。而中国现在的教学状况，学生的阅读量普遍较低，导致词汇量也普遍较少，这也成了外语学习一直存在的瓶颈，多年未有突破。词汇量小不仅导致与外国人交流时常被其中的单词卡壳，造成听不懂的问题；而且也导致表达能力受限，无法灵活运用大量的词汇来进行写作；最后连读也成了问题，阅读中常有不熟悉的单词造成阅读中断来查阅词典，大大影响了阅读速度，无法及时快速地通过阅读来获取有利信息。词汇量小造成阅读不顺畅，阅读速度减缓又造成生词得不到重复，词汇量减少，这两个问题互为因果，相互制约，形成恶性循环。

5. 阅读可以充实知识

现在人们对阅读量太少的问题还没引起足够重视，造成知识面不广；又因为目光短浅，只看到眼前利益，难免产生心浮气躁、急于求成的不良情绪，缺乏认真阅读的耐心。长此以往，会使整个国民的素养下降，影响国内文化、物质的发展，因此要大力提倡多阅读多看书，使阅读成为一种良好的习惯。

二、大学外语阅读的教学现状及原因分析

（一）大学外语阅读的教学现状

《大学外语课程教学要求》对高校非外语专业本科生的外语阅读能力提出了四个层面的要求：首先也是最低要求是学生能达到每分钟 70 个单词的阅读速度，如果是面对需要快速阅读篇幅较长有一点难度的文章时，至少要达到每分钟 100 个单词，并且读完之后能了解其主要意思，总结出中心思想；其次，要能读懂一

般的英文报刊和文章，能了解文章主要事实和关键细节，并能理解其所要表达的中心意思；再次，工作中和生活中能读懂常用的应用文体资料；最后，能在阅读中灵活运用阅读策略来提高阅读效率。这对高校学生来说是一个任重而道远的过程，需要学生持之以恒地坚持学习和训练；同时，还要注意下意识地培养优秀的阅读策略，提高整体阅读水平。

曾有问卷以“你认为学生在外语精读课前、课中、课后做些什么?”为题调查了100名大学新生，有73%的学生表示：课前预习，熟悉单词并阅读课文；课堂上认真听讲并做好相应的笔记；课后做好复习，完成课后练习。由此可见，这的确是我们国家一直沿用的以教师讲授为主体的学习方法。还有另一项调查显示，大学生主观上并不认同这种传统的死记硬背的学习理念，但是在学习中却大多采用了死记硬背的方法；而且调查还显示，大学生大部分将外语词典作为使用最多的工具书，但是能坚持使用者也不是很多。

以上调查表明，国内的学生普遍都已经接受了教师教授为主的学习方式，将外语当成一门课程而非是自己的一种能力，缺少外语自学意识和能力。这种教学模式的影响是根深蒂固的，在学生看来，教师讲解词汇、语法或者进行难句分析时才是学习新知识，对教师进行的培养其语言运用能力的课堂活动却并不感兴趣。原因有两个：其一是因为本身的外语能力太差，导致跟不上课堂活动的节奏；其二认为课堂活动是浪费时间，并未学到新的知识，从而产生厌烦和消极心里，使得这种课堂模式难以持续下去。

当前大学外语阅读教学模式主要由生词（new words）、语法（grammar）、教师用句子分析释读（teacher's explanation of the text by sentence）/问答（questions & answers）/练习（exercises）等部分构成。这种传统的教学方式是以教师为主体，以语法为重点，侧重于语法结构和篇章层次的授课；以句子的分析讲解为主要内容，而对整篇文章的中心思想和语法布局缺乏了解，忽略了阅读的系统性和连贯性。还有些教师对阅读本质了解不足，采用生搬硬套的教学方式，将阅读材料分化成句子词汇来讲解，过于注重对词汇的关注而忽略了对语篇的整体把握，与大学外语阅读的教学目标背道而驰。同时，师生之间的互动也少之又少，学生缺少参与课堂学习的积极性，从而觉得外语阅读的难度很高，慢慢丧失了对外语阅读课的兴趣。学生方面也有一些问题是急需解决的，最大的问题在于语法基础不足、阅读量较少、词汇量不够等，国内长期形成的应试教育导致学生只会盲目的题海战术而忽略了阅读本身的重要性，养成了一些不好的阅读习惯；加之语言运用不够灵活，使得缺乏阅读技巧，阅读理解能力减弱，惯性地利用语法去理解和分析，太过于追求字斟句酌的阅读方式，反而弱化了对文章逻辑关系的理解。阅读的速度无法跟上要求，没有透彻理会作者的中心意思和文章的句调，没有学会利用背景知识来促进阅读效率。

（二）大学外语阅读教学现状原因分析

大学外语基础阶段精读课教学方式是很多要素和要素相互作用形成的，因素之间的相互抵触和关系的失调，教学模式的问题致使现状不太理想，也是学生外语学习和运用的能力整体较低的原因。

1. 非目的语语境的影响

在国内学习外语最大的问题是学生们所处的是一个非外语语境的大环境，因此外语课堂成了学生可以直接体验外语环境和运用外语的唯一的真实模式外语环境。在这个唯一的语境中，教师作为学生直接可以接触的唯一对话者，如果自身的教学水平、外语灵活使用能力都达不到要求的话或者没有做好充分的备课准备，想在课堂上营造一个好的语言环境来引导学生进行各种外语学习活动就变得更加困难。

2. 学生学习方式存在不少误区

在各种外语考试中可以发现，阅读理解均占有很大比例的。从国内新的大学外语四级考试中可以看到，阅读部分占到总分的35%；题型也发生了很大的改动，由原来的阅读理解一种划分为阅读理解、快速阅读和词汇阅读理解三个部分。新四级的这种变动也可以看出各大高校已经发现了外语学习的弊端并有加以改之的决心，已经从以往的只重视语言形式和语言知识转化为对学生阅读技巧和能力的培养和考验；但与之相反的是，学生还未将阅读能力当成学习的重中之重来对待。通常在上阅读课时，都是依据教师的讲解生搬硬套，没有进行有效的独立思考，课堂上的积极性和兴趣都严重缺失；而课后，学生们更是将阅读置之脑后。基于以上列述的问题，对某大学 100 名 2014 级非音体美专业学生 2015 年 12 月的外语四级考试成绩做了一项统计和调查，学生的阅读平均分基本上在 148~155 分之间，阅读部分的满分高达 249 分，得分率只有 59%~62%，当然音体美专业的学生分数更低。从四级考试的成绩也可以统计出，阅读是全部题型中得分最低的一个题型。

3. 学习习惯和学习观念不正确

许多同学在高中时已经习惯了一套不大科学的外语学习方法，到大学后很难改过来。毋庸置疑，很多不合理的不科学的学习习惯是在学生的中学时代形成的，这不是朝夕之间就可以解决的。比如中学外语课堂上还是以教师为主体地位来进行知识点的传授，学生在课堂上处于被动灌输的一方。很多调查表明：不管是总体来看还是从单项来说，中学生很少利用学习策略，关键问题是没有一项被学生认为经常使用；学生们在应试教育的影响下已经适应了采用死记硬背、生搬硬套的学习方法来代替利用较高认知的策略，大都缺少学以致用的能力，在日常交流中学习外语的意识，在课堂上积极回答问题的也仅仅占到 15%。由于大部分学生接触英语学习是在中小学时代，所以语言基础知识是首要任务，因此比较适用于以上所说的教学模式，而且从运用了这么多年来看，与为了应付高考的目标非常符合，没有凸显重大矛盾，甚至效果还不错。所以也未引起教育者的深思，长此以往，就导致学生们养成了很多不好的学习理念和学习习惯。

4. 课堂缺乏互动

目前很多高校的外语阅读教学还是采用课前预习所需资料，课堂上教师阐述阅读材料的出现背景、作者信息以及主要内容，然后解释一些重要的语言难点和词汇以扫除学生理解的困难，再解答学生的疑难点，最后提出一些针对性的问题供学生思考并对答案予以分析，一堂课程大抵如此，课后，布置一些作业要求学生掌握和记忆词汇短语等，这种普遍存在的机械式的传统教学过程存在着许多缺点。

首先，学生的课前预习具有盲目性，目标针对性不强。其次，课堂上教师的讲解是从自身出发，以自身为主体，没有很好地调动学生参与到课堂的积极性，学生常常神游天外，精力高度不集中，无法将教师所讲解和自己所知道的知识点融会贯通，无法充分调动学习积极性和激发阅读兴趣；而且教师对阅读材料的难点进行一一解说，导致学生只对文章的局部进行理解而妨碍了整体掌握和理解的能力。最后，课堂注重的理解性练习只针对了学生理解能力的检测，而不能全面引导学生阅读能力的提升。这种模式的课堂中，教师是绝对权威，拥有绝对的话语权，从而阻碍了学生的大胆检验、大胆推理和大胆假设，打击了学生的主观能动性，没有使学生真正参与到课堂中来。阅读课堂中教师和学生之间、学生和学生之间的互动也往往不够，造成学生只局限在自己的知识范围内，没有很好地利用全体的知识面和理解技巧，阅读策略的发展遭遇重重困难。

阅读分为精读和泛读，精读即仔细具体地读，倒背如流，这个无须多言，大家都能明白是什么意思。精读不但需要学生大声朗诵，充分消化，细嚼慢咽，直至了然于心，用时就能驾轻就熟，需要学生用大量的时间来进行阅读；同时也要求课文要值得学生细读背诵，教师处理阅读资料也要字斟句酌，值得细细品味。不过从我国目前的教学状况来看，还远远达不到这些要求。相对应的就是泛读了，泛读要求学生读得多、读得杂，全面获取阅读信息，通过大量的阅读来加强语感。

现在的情况恰恰相反，“精读”处理过粗，“泛读”则又处理得太细，于是造成“精读”不“精”，“泛读”不“泛”，两门课之间的本质性差别被抹去了，直接影响到阅读效果。此外，“泛读”是要读得泛，因而必然也要读得多。目前高校普遍存在的问题是泛读课上没有真正意义上达到所要求的泛读，教师的备课往往是一些篇幅不长的文章，加上阅读理解中的一两篇短文，使得阅读量大大受限，很难满足学生泛读的需求。当然，全部依靠课堂来完成泛读是不太可能的，因为分给每一个课程的课时都是非常有限的，所以教师必须引导学生课外泛读，提高学生自主阅读的兴趣，如果仅仅仰仗课内时间，那不仅泛读课搞不好，就是外语也很难学精。

5. 词汇、结构练习未能为课堂教学提供现成的练习方式

著名语言学家杰里米·哈默（Jeremy Harmer）将课堂活动分为两大类，即有关语言输入的活动和促进语言输出的活动，而语言输出活动又可再分为适应性输出（familarity output）、练习性输出（practice output）和交际性输出（communicative output）。只有通过大量练习性和准交际性的课堂活动才可能真正培养学生运用语言的能力。然而大学外语教材中词汇、结构练习仍基本按结构教学法的指导思想编写。词汇填空和替换练习属于适应性的输出阶段活动，其作用在于强化微调输入（finely-turned input），而结构练习（句型替换或用给出的语言材料模仿例句造句）则属于机构的单项模仿性练习，很多内容只是中学所学知识点的重复叙述，这个跟“练习性活动应尽可能接近真实生活，并在活动许可范围内尽可能与真实交际相似”的目标相差甚远，交际性输出就压根说不上了。这种训练内容对学生来说也没有重大意义和挑战性，而且形式非常无聊死板，不利于激励学生的兴趣和使用外语的技巧。Harmer 先生也曾指出：如果没有交际性输出或练习性输出（尤其是交际性输出），学生也许会学得语言但不能自如使用它。学生语言运用能力严重滞后于语言知识，与练习设计缺陷是否有一定联系值得探讨。

三、翻转课堂在大学外语阅读教学中的应用探析

“翻转课堂”是一种新型的教学模式，它规避了传统大学外语阅读的短处，这种教学方法要求学生详细具体地进行阅读，深刻理解并分析，从而产生共鸣。通过这种深度的阅读方法，可以加强学生的阅读自主性。长此以往，不知不觉中就形成了非常好的阅读习惯，可以自觉做到课前按要求速度来阅读，课中认真听讲，查漏补缺，课后自觉进行深刻的分析总结并形成自己的观点。当然，每一个教学模式在实践中都会遭遇各种各样的问题，也都各有利弊，这就要求教师在运用“翻转课堂”的方法时取长补短，切实以提高学生外语阅读能力为己任。此外，“翻转课堂”模式在大学外语阅读教学中的应用应注意调动学生参与课堂活动的积极性，兼顾课内阅读和课外阅读。

（一）翻转课堂与大学外语阅读教学相结合的优势

翻转课堂与大学外语教学相互结合优势有很多，简要介绍以下几点。

1. 学生阅读兴趣的提高

在运用翻转课堂教学方法时有两点应该做到：其一，教师做好备课，依据教材准备丰富多彩的教学视频内容，冲击学生的视觉和听觉，激发他们外语阅读的

兴致；其二，营造一个轻松自在的学习氛围也是至关重要的，有利于学生兴趣的提高，从一种被迫接受转变为自主查找有趣的阅读材料来进行大量的课外阅读。

2. 学生语言能力的发展

翻转课堂教学模式的优势不但可以提升学生的阅读兴趣，还能让他们在泛读的基础上总结出有用的信息，加大阅读量并扩充自己的知识面。量的增加又可提高学生的阅读速度和阅读能力，同时它对学生的语言综合能力的提升有着不可替代的作用，外语词汇量的累积和写作能力都会发生立竿见影的效果。

3. 学生个性化学习的实现

翻转教学模式最主要的是给了学生们自由安排学习的空间，学生在家根据自己的进度可以随时随地通过外语阅读教学视频进行学习，时间安排更自由、更充分。有疑难点的地方还可以停下来反复观看视频。而在传统的课堂上，教师为了照顾整个班集体的进度，不能为了每个同学不懂的地方就停下来，所以很多同学有一点没听明白，一紧张一分心，可能整个课堂就跟不上节奏了，而翻转课堂就很好地解决了这个问题。除了以上优势，翻转课堂还设置了针对学习问题的谈论，促使每个学生都能积极自主地进行学习探讨，从而解决自己的疑惑，切切实实地让每个学生都能做到个性化学习。

4. 重创新合作能力的培养

计算机和网络时代的到来，媒介和网络多元化发展日新月异，学生就职面临着更为严峻、更为苛刻的形势，不仅要求学生能适应岗位要求，还要具备很好的创新合作精神和较高的职业素质，因而外语阅读也就显得尤为重要。传统的教学模式是由教师操控整个课堂的进度，由教师主导学生发现问题和解决问题，学生处于被动地位。翻转课堂则是倡导学生处于课堂的主体地位，教师退居引导地位。学生自己掌握了学习进程，更有利于根据自己的实际情况出发，哪些知识点应强化，哪些知识点可以带过都很清楚，因此学习更有针对性，学生可以积极参与到课堂中来主动解决疑难问题。这个过程也可以慢慢培养学生的自主意识。翻转课堂较传统课堂还有一个重要的优势就是提供了探讨和交流的平台，从而促成学生之间的交流和讨论。基础好、学习好的学生可以指导基础差的学生，而同一层次的学生又可以借助这个平台就某个问题和疑难点进行探讨和交流，畅所欲言。不但加深了同学之间的互助互利的同学情，也加强了自己的合作创新精神。

5. 学生综合实践能力的培养

翻转课堂模式要求以学生作为课堂的主导，课前、课上以及课后都要充分发挥学生自主学习的精神，引导学生探求新知识，积极发现问题并提高合作交流的能力。学生的积极性和主动性是学好外语的关键。这种模式全方位提升了学生的各项能力，不管是自主学习还是解决问题都更加得心应手，同时交流沟通能力、创新能力、实际操作能力和团队合作精神也可得到很好的升华。翻转课堂颠覆了传统教学模式中教师的教学方法和学生的学习方法，提高了学生的阅读水平和阅读兴趣，这种新型的教学模式是顺应时代要求的，是适用于大学外语阅读教学的。

(二) 大学外语阅读翻转课堂教学模式的辅助策略

1. 注重个性化外语阅读

在个性化外语阅读教学中，通过对其语言教学理论方面的研究以及探索得出，虽然同样是学习外语，但是每个学生都是独特的，都是有别于其他学生的，这些差异之处有很多方面，如年龄、性格、认知的风格、语言的潜能等。首先要充分了解每一个学生的外语学习的水平、个人认知的风格，还有就是情感的动机等，在此基础之上才能展开有效的“以学生为中心”的语言教学。这实际上是对外语学科教学提出了一个新的要求，那就是要实现个性化教学。我国正在大力推行外语学科新课程标准的实施，这就说明当前的外语改革必然会向着个性化外语教学的方向发展。作为一名外语学习者，必须重视阅读，因为阅读是一项非常重要的语言技能，它对个性化外语教学是否能够有效地开展起着非常关键的作用。

在实际教学的过程中，教师要注重激发学生对于阅读的兴趣，培养学生质疑的态度，用互动交流的方式欣赏和评价学生。通过分析大量的相关文献后发现，个性化阅读教学具有如下特征：学生可以进行个性化的阅读；学生在阅读的过程中发现的问题能够得到教师及时的、有针对性的指导；学生在阅读之后有充足的时间进行交流和讨论；教师就每一个学生的观点以及见解进行一对一的反馈。

个性化外语教学策略主要包括以下四个方面：

(1) 培养学生的自主学习能力，如教会学生准确使用工具书、参考书，培养自主阅读的习惯和指导学生运用正确的自主学习方法。

(2) 因材施教。将学习风格和个性化教学相结合。要做到这一点，教师就必须在外语教学的过程中，对每一个学生的学习风格都进行了解和持续的关注，以有效地调动学生学习的动机、激发学生学习的潜能为目的来实时地对自己的教学方式进行调整。

(3) 开发非智力因素，培养学生的创造性。外语教师要善于利用时代最新的科技与信息、教材和在课堂上生成的资源等对学生的观念、情感以及态度等方面进行教育，让智力之外的品德教育自然而然地渗入到语言教学之中。

(4) 倡导合作学习。合作学习中包含了自主学习的一些最基本的要素，较自主学习而言，合作学习是其延伸和发展。在个性化学习的发展过程中，合作学习是一个非常重要的手段，对于之前学习过程中容易出现的面对差异性无法妥善解决的问题等，合作学习也可以在很大程度上进行弥补，从真正意义上促进学生的个性化发展。

2. 增强课外阅读

一个人语言能力的提高，完全依赖于课堂教学是达不到的，除了课堂教学，还得有一定的课外阅读量。这样课堂教学就能够得到一定的延续和补充。因为课堂内教授的内容是有限的，而课外所涉及的内容是无限的，课外阅读能够对课堂教学的成果进行进一步的巩固，同时也能够使课堂教学的成果进一步扩大。于学生而言，无论是阅读能力还是写作水平都能够得到提高，课外阅读还能够使学生的知识面扩大，学生的综合人文素质还有语言综合运用能力都能够得到提高。当今社会正在全面实行素质教育，对于大学外语教学的改革工作也在不断地进行中，大学外语的课外阅读在大学外语的教学过程中仍然占据着非常重要的地位。增强课外阅读的方法包括以下两种：

（1）结合课堂教学内容，开展课外阅读活动。艾宾浩斯曲线是心理学中一个非常重要的内容，根据艾宾浩斯曲线可知，在对事物、知识、信息识记后短时间内会很快遗忘，然后遗忘的速度便越来越慢。艾宾浩斯曲线是一条反比例遗忘函数曲线，根据其原理可以得出结论，遗忘的速度是先快后慢的，如果能对所学习的内容及时地进行复习和补充，那么记忆就可以被延长，使记忆的知识能够被积累和巩固。课外阅读作为课堂教学的延续和补充，不管是哪一种形式的课外阅读，目的都是服务课堂教学。所以，要把学生在课堂上所学的内容充分地利用起来，就这些内容分主题进行阅读活动。比如：学习关于爱的阅读时，可以要求学生以课本内容为中心，想办法找到一些和课文内容或者是体裁相似的文章来进行对比，开展窄范围的阅读，以利于学生深刻地理解和体会某一种体裁的文章运用的结构和修辞用语及方法。阅读一篇回忆父亲的记叙文体裁文章，文章最打动人的地方是真挚的情感和具体形象的细节。在对此文章进行学习的时候，了解和掌握记叙文写作的方法和文章中句子的结构是必须的；同时还应要求学生们熟读著名散文《背影》，并进行比较，从中了解中国和外国语言文化的相同点和不同点，这样做的好处是帮助学生提升自己的欣赏水平。对于课后阅读的文章，应要求学生进行泛读，其目的就是提升学生外语阅读的理解能力，大量地积累与语言文化背景相关的知识，从而扩大他们的知识面，使学生的外语语感得到加强，同时也培养和提升学生的阅读兴趣。

（2）结合学生的专业情况，开展有特色的阅读活动。大学外语是一门公共基础课，基本上不论任何专业的学生都必须学习。其基本任务就是确保绝大多数的学生能够获得基本一致的语言知识与语言技能。作为大学外语教师，要充分考虑到绝大多数学生的语言接受力，但是很难照顾到每一位学生的实际情况，同样很难的还有顾及每一个学生的专业。为了对这些不足进行弥补，应要将课外时间充分利用起来，尽可能多地举办一些与专业相关的多种多样的外语课外阅读活动。比如金融系可以举办一些和金融外语有关的阅读活动；如果是中文系，则可以以阅读名著为主题来开展阅读活动；管理专业可以开展一些与管理外语相关的外语阅读；国际审计可以开展与会计、财务、文化等相关的阅读活动。这些活动的组织者应是学生自己，在阅读的过程中教师可以给予一定的指导。通过这些阅读活动的开展，学生们不论是语言知识还是专业知识，都能够得到巩固加强，学生相互之间的交流机会变多，还能够培养学生们的综合能力并使之得到提升。

3. 注重文化导入

语言与文化密不可分。随着人类社会的形成和发展，语言储存了不同民族在漫长历史演变中的民族特色和文化心态。文化方面的差异、背景知识的欠缺会直接影响阅读的每一个层次——从单词到文章整体的理解，可以说学生对阅读理解的多少与深浅，在很大程度上取决于他们对文章涉及的文化背景知识掌握的多少。

大学外语的阅读材料涵盖了人文、历史、地理、科学以及风俗民情等方方面面的知识，这就要求教师必须考虑到英美文化输入的问题，在激发学生阅读兴趣的同时，提供多种形式的英美文化背景知识，帮助学生认识西方社会。要鼓励学生结合所学的教材内容，进行广泛的阅读，从童话、小说、戏剧到科普读物、时事新闻都要涉猎，并学会做读书笔记、写读后感，通过各种途径积累深厚的文化背景和社会习俗等，通过对文化背景知识的了解和学习，提高学生的阅读水平。

4. 根据学生需求设置大学外语阅读课程

在阅读教学方面，其教学计划、教学流程和教学方法都是可以持续改进的，即使这样，实际的阅读教学还是沿用传统的教学模式，即所有学生的阅读学习都是按照教师统一的方式进行的，不管这些学生的外语水平如何、起点是否一样。这种教学模式已经不能满足绝大多数学生学习的需要。

通过分析数据，发现学生希望从外语阅读课中学到四方面的内容，即语言知识、阅读技能、文化背景、语言应用能力；发现学生对三种类型的文章感兴趣，即时文报道、科技文章和文学作品（小说诗歌等）；发现现在的大学生有强烈的自主学习的愿望，他们不喜欢传统的“填鸭式”的教学法，不喜欢死记硬背，而愿意开动脑筋自己思考。

因此，应该根据学生的需求设置大学外语阅读课程。首先，除了传授语言及文化知识外，还要增加阅读策略的训练，亦即教给学生一些阅读方法或步骤，以起到事半功倍的效果。具体来说，可以在课堂教学的过程中穿插一些如归纳中心思想、分析文章结构、推测词义、理解作者意图等认知策略（cognitive strategies）的训练。其次，在选取课本补充材料和用来与课本共同使用的材料时，完全可以让学生参与进来。因为学生会对自己选取的材料非常感兴趣，让他们事先透彻地了解材料然后到课堂上为其他同学进行讲解也是一种非常好的方法。这类活动可以使学生有一种主人翁的意识和责任感，这时候的学习对于学生来说就是一种发自内心想要主动去做的事情，并非是为了应付考试或者是完成作业而迫不得已被动去做的事情。最后，采用一些方法去组织教学，这些方法能够尽最大可能地去将学生自主学习的能力调动起来，用来满足学生们不同的学习需要。

5. 提高阅读技巧

（1）朗读和默读。所谓阅读，就是看书面材料，理解它所表达的内容。可通过默读和朗读获得的理解称作阅读理解。

朗读不一定会理解阅读的内容。朗读可以使记忆得到加强，还可以培养语感，对于对文学作品的欣赏和理解也有不小的帮助作用；朗读还可以改正不正确的发音，使阅读的节奏感加强，措辞和释义方面的能力也能够得到提升；还可以对阅读的流利程度和阅读的准确度起到一定的检测作用。为了培养学生们快速阅读的能力，教师应该尽量要求学生的阅读方式为默读。熟练的阅读者提高阅读速度的方法主要是减少扫视文章的次数，减少阅读停顿的时间，扩大一次注视所扫视的内容，即扩大眼忆幅度和眼声幅度，眼忆幅度一般为15~20个字母，将读音简化，适当地缺漏一些不重要的内容，还有就是做一些必要的省略等。在大学的外语教学中，教师指导学生如何去正确地进行朗读，并鼓励学生养成早读的习惯并坚持下去。

（2）自上而下、自下而上阅读。自上而下（top-down process）和自下而上（bottom-up process）认知法是心理语言学、认知心理学和信息处理中人们在理解和学习语言过程中分析和处理语言的两种方法。自上而下是指利用先前已有的高层知识（higher level knowledge）和构思图式来分析和处理所接收的信息（单词、句子等）；利用预想经验、事物摹本来预测作者的意图，揣摩理解全文大意和难点。这个过程是一个理解认知的过程，这个过程也可以这样理解，读者首先将要阅读的内容假设出来，然后在阅读的过程中检验自己的预测是否正确，在证实自己的预测之后再进行新的预测，然后再进行检验。

自下而上认知法则是首先对文章的单词以及句子进行理解，即首先对语言进行解码，遵循音—词—句—章的信息处理过程。在实际的阅读过程中，读者可以对两种方法进行综合运用。自上而下的方法可以用来对阅读材料的意义进行预测，读者同时又可以采用另外一种方法来检验自己是否真正地理解了作者的写作意图。对于阅读理解来说，这不仅是语言文字的一个处理过程，同时也是一个加工处理过程，这个过程是读者运用自己已经获得的背景知识来进行的。自下而上和自上而下这两种阅读法的交互使用就是交互型阅读方法，掌握这一技巧对于读者阅读来说是非常重要的。

自下而上、自上而下、交互型这三种方法是排序型教学模式的三种理论。所谓排序型，就是指从读者开始接触文字材料开始，就试着根据理解的时间先后来对教学进行安排。在实际的大学外语教学中可以灵活地运用这三种方法，具体如何运用，主要视课文内容的难度系数、题材、学生的阅读水平而定。

（3）SQ3R 阅读法。对于阅读专业书籍来说，SQ3R 阅读法无疑是一种非常有效的方法，虽然这种方法最先只是以目的语材料为对象，但是事实证明，其对于提高外语阅读能力也是非常有效的。根据科学的方法来进行大量的阅读，对于阅读技巧的提高是非常有效的，对于专业知识的加强也有非常良好的效果。SQ3R 阅读法经常出现在大学英语的课堂中，这其中也包括研究生的外语教学。不过在实际的行动之中却很少有学生能够主动地做到浏览（survey），主动提问也比较少，复述（review）和复习（recite）就更不愿意了，所以，教师在教学的过程中应该要注重培养学生良好的阅读习惯，学会如何去提问，要多加复习，准确把握每一个环节。

6. 注重词汇的积累

要想提高阅读能力，就必须要积累丰富的词汇量，没有足够的词汇量是很难对文章进行准确理解的。除了这些，词汇量贫乏，阅读的速度也会比较慢，对于作者的意图也很难领会得到。所以，教师应该加强学生的词汇量，这对于提高学生的阅读能力是很有帮助的。

四、大学外语阅读翻转课堂教学实践研究

（一）案例分析

下面以西安科技大学外语阅读翻转课堂教学为例。

1. 教学内容、目标和预期目的

教学内容：The London Eye is on your right

教学目标：能说出伦敦的一些主要景点名称；了解地点专有名词往往开头字母大写；能通过阅读弄清文章的逻辑关系。

预期目的：就本课而言，有关景点名称的朗读是一大难点，单词很多且不在课后生词表中，如果没有课前的预习，课堂上就需要教师花大量时间去解决朗读的问题。另外，学生对于这些景点的了解非常有限，有的学生甚至一个都没听过。如果没有相关的背景知识，仅仅让学生读懂文章，完成任务，那么本文的学习就会令学生感到相当无趣，而且还会错失一次非常好的文化解读机会。因此，教师根据课堂需要制作了一个微视频，让学生在家观看微视频完成预习作业。

2. 微视频设计、教学片段及诊断分析

（1）微视频设计。在微视频中，教师首先利用几张学生比较熟悉的世界著名景点图片，让学生说一说它们分别在哪些国家，从而引入伦敦的其他著名景点。由于大部分学生不了解这些地方，教师就在相关的图片下做了简要的中文或

英文介绍，让学生对此有直观的了解，并为阅读文章打下基础。此外，利用微视频或课件，提前让学生跟读新单词，理解新单词，以帮助学生进一步扫清阅读障碍，再配套两个单词理解的题目，进一步加深学生对单词的理解运用。接下来便是提出阅读技巧，本课的阅读技巧是让学生了解表示地点的专有名词往往开头字母大写。教师设计了以下任务，让学生在阅读文章中运用这个技巧。

任务 1：阅读文章并找出游客经过的地点。学生如果掌握了这个技巧，浏览文章时就可快速找出答案。

任务 2：阅读文章并回答问题（写在课堂练习本上）。

通过这样一个预习微视频，学生的生词朗读问题可以提前解决，文化背景知识也可以在课前得到了解。文章初步阅读的前置，让一些阅读能力较弱的学生可以自己调控时间，减轻了课堂上来自同学的阅读压力。阅读技巧的提出，可进一步提高学生的阅读能力。

（2）教学片段及诊断分析。在教学环节，根据学生在家观看预习微视频，跟读生词，了解背景知识，并完成阅读预习作业的情况，教师还需要在课堂上设计活动检测学生的预习效果。

1）挑战游戏，复习地点专有名词。Teacher：There are many places of interest in London. You studied them yesterday. Let's play a game. The one who tells us the place you know will get one point for your group. 这部分内容旨在检测学生是否记住了预习视频中跟读过的地点专有名词。通过抢答游戏，学生兴致高昂，课堂气氛热烈。游戏结束后，学生再次跟读，纠正错误发音。

2）观看课外动画视频，检测学生对文章的理解，校对预习作业。动画是最直观的，有些学生即使读不懂文章的全部内容，也能从视频中猜出个大概。学生在家初步阅读后，通过观看视频，与文章内容进行对比，一些疑问也能迎刃而解。通过校对预习作业，教师能检测学生的阅读情况，并由此调整接下来的深入阅读。

3）以个人为主、小组合作为辅，完成课本练习。教师要求学生再次静心阅读，尽量自己完成，之后再进行小组合作，对不同的意见进行讨论并最终确定。这种让学生说服学生的方式，往往能达到更好的教学效果。

4）思维碰撞，讨论预习中画出的难词和难句。这个教学环节是利用教室里的白板，当场画出学生提到的难词和难句，由其他学生来讲解，教师最后总结。

这次利用微视频的翻转课堂获得了很好的反响，是一次非常成功的尝试。这次尝试的重点是教师将大量的景点图片融合到课堂中，带学生走进伦敦的各个景点，身临其境地去感受，配以文字简介，使得每个景点的特色跃然纸上，然后带领学生阅读景点名称，提高阅读效率。随后安排了抢答的环节来验证学生的预习情况。这种方式极大地带动了学生的积极性，活跃了课堂气氛。这不仅让学生们顺利地把这些拗口的景点名都正确地朗读出来了，而且对景点的风土人情及特色特产都有了大概的了解。

（二）总结与反思

翻转课堂教学模式在外语阅读课中的成功尝试，既提高了学生的阅读能力和阅读的积极性，而且也引发了关于外语教学的大量启发。总结归纳后主要体现在以下三点：

其一，翻转课堂的尝试得以成功主要是依靠老教师教学理念的改变。它摒弃了传统的教学模式，对教师日积月累形成的教学技能和教学理念是一个很大的颠覆和冲击，教师接受这种挑战也是经过深思熟虑，勇往直前地进行理论和观念的改变，进而完成教学方法的改革和创新。教育观念可以左右教育实践，因此只有作为领导作用的教师将传统的教学观念进行及时的更新和创造，放开固有思维，大胆地让学生自主学习，而自己则退为辅助者，这样才能使得翻转课堂教学模式的尝试得以顺利快速地全面展开和实行。

其二，想要提高学生的外语阅读能力，就必须先培养他们的阅读兴趣，一旦阅读兴趣激发了，学生就会有意识地、主动地了解外族文化，寻找阅读材料，从而既让自己的阅读能力得到很好的长进，同时又可促进逻辑推理能力。这种积极主动性能促使学生快速地理解和获取有用信息，从而达到外语学习的目的。激发学生的阅读兴趣需要教师投入大量的精力、物力、人力来进行一堂带有趣味的、活跃的课堂备课，开展各种各样的教学活动，根据学生的喜好选择如新闻、小说、影评、广告、戏剧等课外阅读材料。当然，选材也并不是盲目的，没有要求的，教师应该根据学生现有的水平选取合适的材料。材料对学生来说要有一定的挑战性但又不能完全阅读不了、理解不了，不然，学生的信心受到打击反而不利于培养他们的兴趣了。

其三，提高学生阅读水平还可以通过大量的阅读策略的有效培训和大量的阅读输入来完成。阅读训练在外语教学中具有举足轻重的重要作用，教师不但需要引导学生从阅读中获取信息，还要锻炼学生转换信息的技巧，更要让学生在大量阅读中学会如何阅读。换言之，在教学过程中，教师应在阅读材料的基础上指导学生进行阅读策略的训练，最终以学生掌握阅读策略和阅读方法为目标，这样可以提高学生们的外语成绩和能力。国内外的许多语言学家通过大量的调查和研究表明，第二语言能力的提高可以通过大量的阅读甚至是大量的消遣性阅读来完成，因此提倡学生进行大量的外语阅读是非常重要的一项教学方法。而且，好的阅读材料又可以作为学生的写作范例，提高阅读能力的同时还可以提高写作能力，更好地学习词汇、语法和遣词造句等，如此一举多得的方法确实值得教师和有关教育部门大力提倡。在如今这种大力提倡对外开放的大环境中，阅读能力也是一个人能力高低的重要体现；而且在国内这种非外语语境中，许多人获取语言素材、学好外语的主要途径还是倚仗阅读来达成。

第三节 翻转课堂与外语写作教学

一、我国大学外语写作教学现状与原因分析

（一）我国大学外语写作教学现状

纵观历年 CET-4 作文的考试题，大部分题目基于三段式议论文。题型包括段首句作文、提纲式作文、图表式作文等，写作内容包括日常生活和一般常识。考生必须在 30min 内写出一篇字数为 100～120 个词（2006 年 6 月前要求 100 个词）、意思表达清楚、无重大语法错误的短文。一篇作文写得好不好，主要从以下四个方面来衡量：中心思想是否明确（unity）；逻辑性是否强（logic）；连贯性是否好（coherence）；句子表达技巧是否得体（sentence skills）。

1. 学生对于学习外语写作的态度

在问卷调查中，了解了学生对各项语言技能的看法和态度，从中可以看出，学生认为最难学的是口语，其次就是写作。学生认为最有兴趣学的是阅读（41%），其次为口语（25%），而对写作只有很少学生表示有兴趣学。在要求列出哪一项是最重要的语言技能时，选择写作的学生仅有 4%，远远低于口语（63%）、阅读（20%）和听力（13%）。从这些数据中可以看出，学生意识到口语难学，于是给予了极大的重视，也表现出很大的兴趣，然而对于写作，虽然也意识到难学，却没有紧迫感，不重视，提不起兴趣，这或许是学生英文写作很难提高的原因之一。从动机入手，培养学生对英文写作的兴趣，对大学外语教学十分重要。

2. 学生对写作教学的满意度

根据调查，一学期学生的作文练习数量平均为 5～8 篇。教师通常的做法是：学习完课文，就给学生布置作文题目，规定最低词数；批改作文，用红笔画出所有的语法错误，打分（采用四、六级考试的百分制或用 A、B、C 等级制），有时是给出较为笼统的评语；一周或几周后发还学生作文；偶尔讲评，也以纠正语法搭配错误为主。据相关调查数据显示，大部分学生对写作教学方法感到不太满意，回答“满意”的不到一半（43%）。另外，基于该次问卷是非匿名的，填写时要求写出学号和姓名，学生在回答本题时会有所保留。41%的学生认为写作教学方法一般，间接表明了不满意的态度。

调查结果表明，网络教学班级的学生相比于普通班级，对写作教学具有更高的满意度。有 68%的学生回答“满意”。这是由于在网络教学中，学生和教师以

及其他学生之间具有更多的互动。学生可以在网络上的讨论版上发表看法，与同学和教师进行讨论。学生通过电子邮件的形式向教师提交作文，教师在批改后，会尽快给出回复；除此之外，学生还可以将作文上传到网上，获得其他学生的点评；之后，学生根据教师和同学的意见进行修改，再次提交给教师。这个过程可以反复进行，直到修改结果使教师满意为止。论坛同时也可以成为学生交流讨论课堂中的疑难问题的平台，教师也可以在线做出解答。为了使学生获得更多的练习机会，教师应当鼓励学生在论坛上使用英语来交流，还可以为学生介绍外国笔友。这些对于学生的学习积极性的提高都具有促进作用。

（二）我国大学外语写作教学存在问题的原因分析

1. 没有专门的写作课

目前我国的大学外语教学对写作能力的培养未引起足够重视。少数教师错误地认为，学生外语水平的提高会自然带动写作水平的提高，因此，认为对于写作并不需要进行专门的练习和指导。此外，由于课时的限制，写作教学的内容往往被并入阅读教材中，教师的重点常常放到阅读内容中的词汇、语法以及课文内容的讲解中，而对于写作部分则往往一笔带过，甚至完全忽略。

2. 没有专门的写作教材

很多学校并不使用专门的写作教材，而将写作的内容放到单元后的写作练习中。这样的写作练习不仅没有专门的段落和句子的练习内容，而且跳跃性大、不系统，对于写作能力的提升效果并不明显。

3. 写作量少，批改作文方法欠妥

部分教师忽视了对学生写作的训练，学生写作量少，因而难以获得写作技能的提高。此外，在写作教学中，作文的批改和点评是最为重要的环节之一。然而由于大学外语教师教学任务重，而批改作文是一个繁重的工作，因此即使学生进行了大量的写作训练，但是教师却没有办法全部批改。学生得不到写作的反馈意见，也很难有针对性地提升写作水平。除此之外，部分教师在批改作文时，只纠正语法拼写上的错误，对于篇章结构等方面却很少给予点评，学生得不到全面的写作建议。而大量的语法错误的纠正，也往往会挫伤学生的自信心和积极性。

4. 文化差异（culture shock）问题

语言和文化之间存在着深刻的关系。对这一关系的探讨由来已久，不仅受到了外语教师和语言学家的关注，还引起了不少文化学家、人类学家、考古学家以及哲学家的思考。根据其研究领域的不同，不同的学者对于语言和文化的关系进行了不同的阐释。但是，在我国的大学外语教学中，文化因素对于语言学习的影响却并没有受到广泛的关注和探讨。而文化因素恰恰是制约学生写作水平提升的重要因素。具体体现在以下两方面：

第一，思维方式的差异导致学生在谋篇布局方面困难。

东西方思维方式的不同导致了写作布局上的不同风格。西方的思维方式重视形式、理性和分析过程，其语言上也讲究逻辑的完整性。而汉语重视语言的模糊关系、隐含关系和内在关系。中国学生受汉语思维的影响，在英语写作的谋篇布局中，不能够熟练地运用形连（cohesion）和意连（coherence）的技巧，常常出现主体不明确，文章没有完全围绕主体、观点混乱、思路不清晰的问题。

第二，汉式外语的现象普遍存在。

在语言表达上，汉语的思维方式导致了汉式外语的出现。西方语言和汉语分属于不同的语系，在语序、词汇含义、表达方式上都存在着很大的区别，这影响了地道的语言表达。此外，由于学生缺乏对西方国家地理、历史和文化背景的了解，也不清楚英式英语和美式英语之间的区别，在写作时往往会产生混淆。

5. 学生的心理问题

教师教学方式的不得当，比如使用非交际教学的方式，会造成学生在写作上的消极心理和心理障碍。主要体现为以下两种心态：

（1）造成在写作上的畏难情绪。非交际教学模式认为，学习外语，需要首先掌握足够的词汇，并对于语法知识拥有全面系统的了解，在掌握了语言知识之后，就能自然而然地使用外语。因此，这种教学模式重视语言知识而轻视语言实践，在这种理念的指导下，教师也忽视了学生语言应用能力的训练。然而，这种理念是错误的，因为技能的培养应当是与语言知识的获得同步进行的，只有通过实际运用，才能使语言知识内化为语言技能。因此，当学生经过了长时间的语言知识的学习之后，发现自己并没有获得语言运用的能力，难以将所学的知识运用到书面表达中去的时候，就会对外语写作产生畏难情绪，甚至产生心理恐惧感。这种心理对于写作训练是极为不利的。

（2）过关心理。CET 考试实行后，一些学校在衡量学校的外语教学水平时，仅仅关注学生外语四、六级考试的通过率。这种以过关为目的的教学，对学生和教师都产生了负面的影响。一方面，教师将主要精力用来使学生通过 CET 考试，而没有足够的时间培养学生的语言运用能力，四、六级考试的目标要求限制了教师在英语教学中具有的能动性和主动性。另一方面，学生只关注通过 CET 考试，而忽视了实际的语言能力培养。一旦考试通过，学生便失去了继续学习外语的动力。学生的过关心理导致了外语写作能力的低下。

二、翻转课堂在大学外语写作教学中的应用探析

大学外语教学改革一直以来都遵循着“以学生为中心”的原则，要一改“满堂灌”的传统教学方式，努力培养学生的自主学习能力。其中的外语写作教

学存在着自己独有的问题。翻转课堂这一全新的教学理念，推动了大学外语写作教学的改革，为教学改革提供了理论依据、实施方案和操作流程。从实施翻转课堂之后取得的成效上来看，翻转课堂不但对于学生的外语写作能力具有显著的提升作用，而且有利于新型教师文化和集自主与合作为一体的学生文化的创建。然而，大学外语写作教学的改革复杂而长远，需要对此展开更多的教学研究和理论探讨，对其优点和弊端进行分析，以充分发挥其优势，而避免弊端影响，使其在提高学生写作能力、提升教师写作教学水平方面，发挥出更大的作用。而学校的外语教师，要积极学习翻转课堂的理论和其他新的教育理念，接纳、试验新的教学方式和手段，将翻转课堂的理论运用到教学实践中去，以帮助外语人才的培养。

（一）翻转课堂与外语写作教学结合的可能性分析

目前在我国的大学英语写作教学中采用翻转课堂方式，已经具备了充足的教学资源和硬件条件。首先，大多数高校拥有自己的校园网，其中包含了大量的免费教学资源。学生可以从学校的电子图书馆和自主学习中心等平台获得充足的外语学习资源。其次，随着科技的发展，移动智能终端越来越普遍，学生几乎每人都有笔记本电脑或者平板等设备，使其能够随时随地地获取资料，进行学习。除此之外，教师不仅可以使用学校网站上的教学管理平台，还可以自建线上交流平台，与学生进行互动和交流。再次，在学校各院系的教学论坛上，也可以分享教学视频等教学资源，并给师生之间和学生之间的交流讨论提供了即时的平台。最后，大量写作教学软件不断涌现。有许多软件可以为教师给学生布置作文并进行作文批改提供便利手段，节省教师的时间和精力。而且很多教学软件中也带有留言的功能，这使得教师和学生之间能够实现便捷的沟通，可以极大地提高写作教学的效率。

（二）翻转课堂与大学外语写作教学相结合的优势

1. 反馈具有实时性

“翻转课堂”十分看重教学对象即时反馈回来的信息，对于外语写作课程来讲，这种教学方式很实用，高等院校的英语作文是一门语言输出形式的课程。这样一来也就对学习者提出了相关的要求，要学习者按照掌握的信息与技巧来进行遣词与造句以及组段，它的实践性比较强。这一类课程要求学习者的反馈与教师的纠错要同时进行。传统课堂方式下的教学活动，作文的批改一直让教师很费心，针对作文中存在产生的一些问题，在作业本上教师很难将问题解答清楚，即使解释清楚，面对教师这些烦琐的修改意见学习者也基本理解不了。所以，纠错与反馈这两个程序就不是那么清楚，批改习作的效率也就不高。通过“翻转课堂”这一教学模式，学习者在电脑上实时进行写作，这样知识的掌握情况可以及时地反馈回来；教师在课堂中走动观察学习者，可以及时地将学习者作文中出现的错误及时改正。这样纠错与反馈这两个过程也就即时地、有特点地产生了。这样学习者的写作能力能够得以提升。

2. 整合碎片化学习和合作学习

“翻转课堂”能够整合碎片化学习和合作学习，创建全新的教学策略，翻转课堂的教学模式能够通过微视频教学手段来教学。碎片化学习具有针对性强、吸收率高、灵活性强的特点，目前许多学生利用平板电脑、手机或计算机等移动设备在网络上进行学习。他们更愿意接受碎片化的学习方式，并且学习效果也较为理想。分部进行学习可以运用灵活的学习方法让学习者更深层次地了解知识。通过微视频可以将课堂的信息进行压缩和精简，这样在有限的时间里就可以学习更多的书本知识，学习者由于时间很长的英语习作而产生的疲惫感与烦躁感也会随之降低，学习者由于自信心而生成的烦躁的情绪也会得以缓解。通过学生间的合作，学习者之间的交际也变得多了起来，课堂过程中的互动的成效也得以提升，学习者与学习者、学习者与教师间的关系也变得更近了。通过翻转课堂，课堂互动也变得多了起来，创造教师和学生之间友好的氛围，学习者的学习热情也会更高。通过合作学习可以消除由于成绩的差距或者交流的不及时产生的陌生感与孤独感，可以间接地缓解学习者在整个学习过程中形成的所有不好的情绪，学习者的凝聚力与团队意识也可得以强化，学习英语中的烦躁的情绪也得以缓解。

3. 有助于学生形成良好的写作习惯

没有准备就要失败，养成很好的外语习作的习惯，要求学习者要具有很好地进行预先学习的习惯，要熟悉了解习作的内容并做好准备。通过翻转课堂这种教学方式，学习者听课的成效可以进一步提升，学习者课堂上的主角地位会进一步得以展示。教师在翻转课堂这种教学方法的英语习作教学的时候，要将对学习者预习能力的锻炼放在重要的位置，在实践过程中，把课改的意义贯彻到位，这样一来外语习作的推动效果也会很有效。除此之外，在翻转课堂这一教学方式下的学习进程中，运用微课视频，学习者可以接触到更好的范文，教师利用这种先进的提供例文的方法，将各种不同的范文都可以展示在学习者面前；可以将不同文体的习作规定与要注意的地方向学生进行说明，比如书信、通知与日记以及便条的格式等，还要给予学习者一定的指导，并要熟悉所有体例文本的写作的格式。

4. 有助于提升外语写作教学效率

翻转课堂的主旨不是靠平常把教学的重心倾斜就能实现的。通过翻转课堂这种教学方式可以明显地增强学习者自我学习的自觉性，很大程度地缩短上课时习作练习的时间，让学习者可以避免习作时产生的烦躁的情绪，很好地进行练习，学习者的英语习作的水平也会得以提升。通过对个别学习的调查研究发现，假使在上课前能够熟悉教学的内容的话，90%的学习者会有很强的自信心；87%的学习者反映，上课前与同学间的相互交流探讨，掌握知识时不会有紧张的情绪。从这些可以看出来，在教师进行教学之前，学习者主动全面地对要学的知识进行预习，可以极大程度地增强学习者的信心，极大地降低学习者的烦躁与紧张的情绪。除了这些之外，课堂的教学训练过多的话也可能会使学生产生烦躁的情绪，然而在长时间的习作技巧的锻炼下，习作的水平不断地提升，那么习作时所产生的烦躁的情绪也会随之消失。

5. 有助于提高学生的写作能力

哈佛大学教授艾瑞克·马兹尔（Eric Mazur）创立了同伴教学法（peer instruction，简称 PI），主要是在课堂内实现学生的自主学习，能够与教师进行交流互动，能够与同学进行信息互换，这种新型的教学模式更有利于学生学习。翻转课堂与其有异曲同工之妙，它所设置的课内交流讨论环节就激发了学生的学习热情，有利于教学质量的提高。很多教学研究者都主张在教学中推行这种讨论交流、互改作文的方式，因为在这个过程中各自新奇的思想会碰撞到一起，产生不一样的火花，各自的知识也在这里实现融合。学习者的身份从学生变成教师，在批改的过程中会尤为认真，不仅会多次浏览同学的作品，反复琢磨每一个词汇、每一句话，而且一旦碰到没有把握的句子或是难以解决的问题，就可以自己查找资料或是求助于教师、其他同学；甚至会在写评论上花费大量的时间和精力，力求写出恰当优秀的批语。在进行这一系列的事情的同时其自身能力也在不断提升，比传统的教师批改作文更能激发学生的写作热情。

6. 帮助学生形成大量阅读空间

要想提高学习者的英语写作水平，必须保证学习者具有一定的知识储蓄，广泛地阅读相关书籍与资料。在以往传统教学短短的 40 分钟内，学习者不仅要听教师讲课，还得与同学进行讨论交流，甚至还要进行思考整理，然后再展开写作，最后还要进行反思等，这样阅读在课堂上根本就无法进行，放在课后不仅难以操控，也无法保证质量。不过通过翻转课堂，这就不成问题了。学习者可以通过学习视频立马掌握写作技巧，这样课堂就会余下时间给学生展开阅读学习。

7. 传递科技力量，激发学习动力

《教育信息化十年发展规划（2011—2020 年）》指出，教育信息化的发展要以教育理念创新为先导，以优质教育资源和信息化学习环境建设为基础，以学习方式和教育模式创新为核心。我国已经进入信息时代，社会中的各个领域都发生了翻天覆地的改变，教育行业也不例外，多媒体已经走进了课堂，翻转课堂也必须借助计算机或是其他电子设备才能开展。所以，每一个学习者都清楚，要想很好地融入这个社会，不被淘汰，就只能认真学习。

（三）大学外语写作“翻转课堂”的教学要求

1. 教材选择强调课程之间的连贯性、教学素材的本土性

选择的写作教材不仅要包括应用文文体，并且要把基础习作与文学习作等包含在内，以上这些课本信息不但要给学习者提供多方面的自学的信息，还要能够解决由于不连续的课程安排所产生的问题。与此同时，选择教材版本的时候，最好是选择本地的一些教材信息，给学习者提供比较了解的案例，要和语言教学的现实情况相符合，与当地的教学相适应。

2. 教学设计注重教学内容的实用性、教学手段的多样性、教学形式的可操作性、教学方法的指向性

通过教学的信息可以发现，课本上应用文的习作的章节是重中之重，小到请假条、通知单、个人简介，大到单位便函、介绍信、求职信、商务信件等，所有的信息都是互相联系、层层深入，使得学习者可以全面地熟悉不同活动对信函所提出的条件。

翻转课堂借助的是任务型教学法，学习者在完成任务的过程中通过互动交流等多个环节，将理论知识和语言技能结合在一起，从而提升自己的语言运用能力。

翻转课堂的教学活动通常在学校电脑室展开，学习者直接在计算机上进行写作。这种方式不仅有利于施教者在课内一对一地进行指导，为学习者排忧解难，而且学习者能够借助计算机查阅所需要的信息资源，再者，当堂完成写作可以真实反映学习者的学习情况。

翻转课堂需要借助计算机等现代化设备来辅助教学，学校内部要建立一个适用于教学的平台，施教者可以在这个平台上写教案、准备教学视频等，进行备课；在课堂上也可以借助这个平台完成教学，例如学习者在平台上提出问题，施教者立马进行处理；还可以将作业布置在平台上，通过平台进行批阅，甚至还能在网络上进行考试。

3. 教学过程强调教学对象的主体性、教学程序的连续性

课前，学习者借助计算机或其他电子设备学习相关的教学内容，观看微课视频。课上，施教者大概回顾一下教学重点，随后出示作文题目，学习者在电子设备上完成习作，此过程中学习者可以向施教者提出学习上遇到的困难，施教者可以选择有代表性的问题进行分析解决，不过基本上还是一对一进行指导。施教者在无法顾及整个班级的情况下，可以借助成绩好的学习者之力解决一部分较为基础的问题。这样不仅解决了部分学习者因胆怯不敢向教师发问的问题，也可以激发大部分学生的学习热情。下课之后，学习者将完成的作品发到相关平台上去，施教者直接在网上进行作文批改、打分，不过相较于传统批改方式更为省时省

力。因为通过课堂的质疑释疑过程，作文中基本不会有低级的错误，施教者主要在文章的结构布局、情感技法上进行点评，最后选择较好的作品进行公示，这种方式既可以促进大家的写作热情，争做优秀，又能起到示范作用，供所有人一起参考学习。

4. 教学评估强调实践性、过程性

高校的英语习作科目是一门语言输出形式的科目，通过这个可以有效地检查并验证学习者过往学习的一个知识运用情况，通过实时的写作，可以很直接地检测出具体情况。根据这种情况，这一项课程对即时写作的经过以及效果很重视，它也就成了短时间内评价估量的重要内容之一。运用封闭的考试模式作为期末考试的形式，考试的范围囊括这一学期的所有的所学应用问题，学习者要按照条件在计算机上进行写作。

（四）大学外语写作翻转课堂教学模式设计

应用翻转课堂教学模式具有诸多优势，应广泛应用于写作教学。美国心理学家布鲁纳（J. S. Bruner）在认知教学理论中曾提出，在教学活动中应该以学习者为主体，促进他们学习上主观能动性的发展，施教者在此过程中起辅助作用。翻转课堂就建立在这一标准上，施教者需要在整体上做好计划，考虑到课堂的每一个环节，兼顾到每一个细节。但是在正式课堂中，应该适时地进行指点，还是让学习者自主地进行探究。

1. 课前精心准备授课视频

教学视频通常建议由教师亲自制作，因为只有教师才清楚地知道哪种讲解方式更适合自己的学生，可以选择从网上下载微课视频，但一定要考虑到学生的基本情况。微课的录制不能太长，最好在15min以内，所以内容一定要高度集中，难度要适中，切不能超出学生的英语水平。不仅要包含写作的基础讲解、技巧分析，还应包含点评优秀作品，甚至还应有适合于本次写作的单词、词汇。

2. 课上组织开展多种形式的课堂活动

（1）课堂讨论（小组讨论或全班讨论）。课内的讨论交流是翻转课堂中必不可少的一个环节，因为学生可以通过这个环节提出自己现阶段学习中存在的困难，教师和其他同学可以就自己的经验提出一些建议，学生解决了问题，教师也更加了解学生。并且在讨论交流的过程中，许多新奇的想法碰撞在一起，会产生不一样的火花。也能通过同学的发言，获取更多的知识。通过这个环节可以消除学生对写作的畏难思想，并激发他们的写作热情。

（2）课堂写作。讨论交流后就是展开写作练习了，这是翻转课堂的重要环节。首先施教者给出作文题目，然后学习者根据教学视频里讲授的基础知识以及写作技巧进行写作。这一过程主要是考察学习者对知识的掌握情况。

（3）审阅指导。在传统的教学模式中，教师总要花费大量的时间、大量精力去批改作文，可很多学生对作文本上的修改以及批语视而不见，有时会因为反馈不及时，取得的效果不太好。翻转课堂这种新型的教学模式就对此进行了改革，把批改作文的时间放到了课堂内，教师阅读完学生的作文后立即给出评价，这样一对一的指导，不仅可以加深学生对知识点的印象，明白自己存在的不足，还可以促进彼此间的感情。

（4）成果展示。一篇优秀的作文离不开施教者的谆谆教诲、及时的引导，更重要的是里面倾入了学习者的感情。学习者在施教者的引导点拨下修改作文，最后在全班同学面前进行展示，作文水平无论高低，学生都可以借此机会大声朗读自己的作文，其他同学也可以在这个过程中说出自己的看法，这篇作文的优点是什么，又存在哪些不足。通过这一环节，学习者不仅可以锻炼自己的能力，提高写作水平，同时也会激发对写作的热情。

3. 课后有针对性地布置巩固性、拓展性的练习

通常教师会利用课后习题这样的形式，让学生对课堂的新授知识进行回顾，加深印象，从而灵活运用于实践。学生也可以借助这种方式查漏补缺，对未掌握的知识点可反复研究教学视频，或求助于教师和同学。教师可以通过学生的作业完成情况进行自我反思，若大部分都完成得不好，就可能是自己的教学视频讲解得不到位或是难度太大等原因，应再花时间进行讲解。

三、大学外语写作翻转课堂教学实践研究

以天津师范大学外语写作翻转教学为例。

天津师范大学以《基础外语写作》中短文写作“The First Step in Essay Writing: Begin with a Point, or a Thesis（短文写作第一步：通过主旨句表达观点）”为例，对翻转后的教学流程进行细化梳理和展示。

（一）课前知识传授

1. 教师任务

（1）发布学习任务书（Learning Roadmap）。教师在本课学习任务书中为学生明确学习目标，本课的学习目标分为：课下自主学习阶段教学目标，即利用电子设备观看微课，学习主旨句相关知识，并以个人或小组协作的方式完成作业；课上协作内化的教学目标，即通过自主探究、小组协作及教师答疑加深理解，通过教师与学生一对一的作文讲评提高写作水平。

（2）制作微课视频。教学视频由教师采用录屏软件进行录制，内容包括主旨句的概念，如何让主旨句更具体和完美，主旨句的四个法则。结合学院学生的水平，教学视频控制在15~20min以内，结合PPT、视频等多媒体资料，力求内

容新颖，教师把制作好的视频发布到学习平台上。

（3）发布作业。作业由主讲教师布置，通常由写作任务和非写作任务两部分构成。教师将制作好的作业发布到学习平台上，供学生在线观看视频后完成。

2. 学生任务

（1）观看教学视频。学生观看教学视频以完成对主旨句写作知识点的记忆与领会。与以往在课堂中听课不同的是，学生可以在任何时间、任何地点进行学习，并自行调整学习进度，在遇到难点时，可以回放内容多次观看，也可以暂停视频，去查找资料或与同学交流讨论。

（2）完成作业。学生在观看视频之后，完成相关练习。本课练习安排如下：

1）Limit a topic and write a thesis statement. Choose five of the subjects. Then write a thesis statement about each of the subjects.

2）Writting assignment：Write two or more paragraphs about what your ideal job would be and what your daily activities on the job would entail.

（二）课上知识运用

1. 学生任务

（1）课堂测试。在刚上课的 15min 里，施教者通常要进行课堂测试，测试目的是考查学习者是否熟练掌握知识要点，可否灵活运用在写作上，同时也是为了促进学习者能在课后独立自主地学习。测试内容就是教学视频中的重难点，特别要注意测试题是面向全体学员，因此难度要适中，例如：

1）A good thesis statement does two things.

2）Identify the mistakes in following thesis statements.

（2）小组活动及展示。带动生生互动小组成员在组长的带领下，就作业和测试内容进行讨论，并在课堂上就讨论结果进行展示。翻转课堂强调学生的充分参与，通过小组讨论可以充分实现。每个班级人数在 21~23 人，教师将学生分成 4~5 个小组。小组活动能够充分实现学生与学生之间的互动，弥补传统课堂中存在的不足。

（3）习作互评。通过学生间相互评价作文的方式，不仅能够有效提高学生的写作能力，还可以提高学生自主学习的能力。在此之前，施教者需制定两个表格：作文修改检查表格以及同学评论表格，每一个表格都有明确的标准，也必须在事前进行详细的讲解，学习者可以通过这种方式，学习他人的长处，弥补自己的不足，在修改的过程中，也加深了对知识点的印象，避免自己出现类似错误。在这个过程中施教者在一旁的指导启发作用是不可忽视的，可以举出具体实例供学习者进行参考。刚开始进行该环节时会发现很多学习者对修改作文无从下手，基础稍好的学习者也只能找出部分语法错误或是单词、词组等基础性的错误，像文章整体框架或是逻辑性问题难以发现，这就要求施教者在修改检查表上有所体现，可以慢慢引导，毕竟这要经历一个漫长的时间才能被学生所接受。

2. 教师任务

（1）师生问答，带动师生互动。教师在各个小组之间轮流回答学生的问题，在与学生的沟通中，可以发现每位学生的不足之处，提供指导。同时，学生的提问可以促进教师反思，改进教学流程，改善教学方法，真正实现“教学相长”。

（2）“一对一”写作指导，提供及时、针对性的指导。在此过程中，施教者应针对学习者的具体问题进行详细的讲授解释，相较于生硬的批语，这种当面的讲解更为有效，不仅能分析得更为透彻，让学生理解，还可以根据学生基础的不同、理解能力的不同、所遇到的问题不同运用不同的讲解方式。

（三）课后

1. 学生任务

第一，学生根据教师与同学的意见，完成定稿。

第二，为下节课做准备。

2. 教师任务

第一，及时批改学生作业。

第二，为下节课做准备。

在以前的写作习作中，学习者的作文总是漏洞百出，例如：毫无逻辑可言；存在过多的语法错误；单词、词汇使用不当等。不过通过翻转课堂这种新型的教学模式，通过看微课的方式，写作水平明显提高不少，作文框架很少出现问题，句与句、段与段衔接紧密，叙述的内容清晰明了，甚至还能阐述自己的观点。因为课堂内有相互交换作文进行阅读、修改的环节，因此学习者们不仅掌握了写作的诀窍，还能对他人所写的作品进行修改。在写作总结交流这一环节中，学生能取其精华，去其糟粕，从中获得很大的收益。若课内有些知识还未理解消化，课后可以反复观看教学微课，直至理解透彻。而且教师在每次的写作练习时都可以提供一些该作文可以用到的词汇给学习者，这样更利于他们的写作。通过上述情况可知，翻转课堂这种新型教学方式的确适用于英语的写作教学。

虽然翻转课堂具有很多优点，但是并不是适用于每个课堂，关于它的研究仍在继续。要想用翻转课堂这种模式展开教学，无论是施教者还是学习者都必须具备较高的素养。施教者必须能够掌控整个课堂，所做的微课视频也必须短小精悍。学习者要能够自觉地进行学习，有很好的探索精神，可以积极地参与到课堂讨论环节中去。对教学设施也提出了要求，必须为学生提供上网查阅资料的机会。不过在正式实施时，发现部分学习者并不适应这种教学方法。此种教学模式主要是面向英语基础较差的学习者，可是并未考虑到基础差的学习者在学习上也缺少自觉性，对于浓缩重点的微课视频难以理解，课内都无法集中精力去学习，又如何要求他课后去研究教学视频。所以，这些问题也给翻转课堂提出了更高的要求。

通过翻转课堂这种教学模式，教师为学习者提供了大量的资料以及相关的词汇、词组，这样学习者进行写作就轻松多了，有任何疑难都可以去寻求教师的帮助。通过这种模式，教师空余时间也多了，可以利用这些时间进行资料整理，扩充学习者的知识储备，还可借此调查学习者在写作上存在的困难，反思自己的教学活动，调整自己的教学方法，从而提高教学质量。同时，这种新型的教学方法既能提高学习者的学习热情，还能提高写作水平，消除对写作的厌恶。

第六章　外语翻转教学与定制化教学

教学变革的最终目的是产生有效的教学，最终还是要回归到课堂及具体教学活动中去，而这一活动的开展一般都是基于一节课或者是一系列课构成的模块，因此为了能够明晰定制化教学，设计一节课或一个课时模块十分必要。翻转教学下开展定制化教学设计是一种“边教边设计”的过程，即首先根据学习者的个体特征在课前进行教学设计，学习者与教师共同制订教学方案。教学的过程并非完全依照教学方案的步骤来进行，在教学过程的进行中，需不断依据学习者和教师的性格特色、学习的平台来不断地修改完善教学方案，让学习者能够及时适应教学模式。因为，教学方案要以学习者的自身特征为依据来设计，以推动学习者更好地学习与发展为目的来制定教学目标，选择与明确教学的具体内容、教学方法战略等各项工作，完善教学资源的整合。本章围绕翻转教学与学习者自主性、教师角色转变，翻转教学模式下外语定制化教学目标、原则以及定制化教学体验展开论述。

第一节　翻转教学与学习者自主性

一、自主学习在翻转课堂模式中的必要性

翻转课堂模式中具备自主学习能力的学习者其学习行为具有自发性、自由性、自律性等特征，他们出于某方面的需求给自己设定学习目标，并充分利用学习资源自主调控学习过程从而主动地进行学习。基于这些特征，自主学习在翻转课堂模式教学中发挥着巨大作用。

（一）解决翻转课堂存在的与“减负”间的矛盾

翻转课堂即改变传统的课堂教学，将课堂从由教到学的过程转变为由学到教的过程，这就要求学生要进行丰富的课外知识学习，从而将知识运用于课堂中，转化为自己真正拥有的知识。学生在课堂外通过视频的方式学习各门课程的内容，当然也是无形地为学生增加了课外的负担，国家一直以来都在倡导为学生进行减负工作。顾名思义，减负就是减轻学生的学业负担，这是来源于学生的自身

主观感受，如果外界各种因素逼迫学生被动学习，学生自然就会感到背负沉重的负担，如果学生可以主动去学习，发自内心地想进行课外学习，就不会有沉重的负担感。因此学生的自主学习很重要，要让学生拥有自主性的学习目标，这样就能减轻学生学习各门课外视频的压力和负担感，解决学生课外学习与减负倡导之间的政策矛盾。

（二）更好地进行课堂翻转

翻转课堂实现了传统的课堂学习与课外学习的大翻身，学生能否进行自主学习决定了这种大翻身能否成功转型。学生需要在课堂教学前借助学科视频来进行系统化的知识学习，再根据师生之间的课堂互动将知识进行内化。学生需要具备一定的自主学习能力，才能在课前的课外学习中自主接受知识并发掘问题，然后将问题带入课堂中，和教师一同探讨解决问题。在自主学习能力的带动下，学生才能主动发现问题并且主动提出问题，课堂上和教师一起更好地解决问题，这个过程才能良好地进行下去，否则，翻转课题无法进行个性化的指导。学生只有具备了一定的自主学习能力，才能结合自身的性格特点和实际情况来安排自己的学习，保质保量完成学习，从而达成目标。拥有一定的自主学习能力也能让学生更好地安排课外学习的时间和地点、学习方式，统筹好学习的总体目标，帮助自己更高效地完成学习过程，达到翻转课堂要求的学习目标。

（三）更好地实现角色转换

在翻转课堂的模式需要学生不再是被动的学习接受者，而是能够成为自主学习的主体，教师也要从传统意义上的教学统领者变成协助学生学习的帮手。学生们靠自主学习能力来主动学习，规划学习时间、制订学习计划，和其他学伴展开交流、互帮互助，共同解决学习中遇到的问题，增进自主思考的主动性，从而强化学生的主体地位。学生通过自主学习自主发现问题，并且将问题带入课堂，让教师帮忙答疑解惑；教师可以对学生进行个性化的辅导，针对学生自身特色与性格，为学生搭建不同的教学辅导模式，从而增强师生之间的互动交流。教师在翻转课堂中扮演的角色是协助者，是指导学生学习的工作人员，课堂上更多的时间会留给学生来利用、来消化，从而真正体现学生的主体地位。

（四）防止教学人本取向走向技术取向

归根结底，翻转课堂就是为了大力提升学生们学习的效率和取得的成果，实现以学生为中心、以人为本的个性化课堂指导模式。这样的教学模式需要信息化技术的辅助，有效的信息技术的运用有利于个性化学习的制定。翻转课堂对于学生和教师的信息技术方面的技能都有着较高的要求，因此，学生和教师容易因为这种较高的信息技术方面的技能需求而受限制、思维行动受到束缚，对于信息技术层面过于关注而忽略以学生为中心的基本宗旨。那么学生的自主学习性可以让学生明确学习的目的、规划好自身的学习任务，能在课堂外进行视频学习并且将视频内容与学习材料准确相结合，从视频内容里获取应学的知识内容，查找问题，让自己不再受限于信息技术的影响。教师通过学生提出的问题对学生的发展有了更明确的指导思路，在帮助学生解答问题的同时还能从信息技术层面关注课堂的指导办法，做到结合知识进行示教，实现以人为本的个性化指导模式。

二、翻转课堂模式下自主学习模式的构建

随着个性化教育的普及与市场的扩大，自主学习模式越来越受到人们的重视，许多专家与学者对自主学习进行了各方面的研究与探索，并且利用一些学科和针对各方面条件建构出各种各样的自主学习的模式，给了翻转课堂里的自主学习模式一定的经验参考。不过，这些参考的模式并非中规中矩，并没有固定的可以套化的硬性规定，模式因视角的不同、理念的不同而有所不同。下面给出几种不同的模式，根据学生不同的自主学习性构建出来的翻转课堂模式下的自主学习模式。

（一）教师引导学习模式

教师在教学活动中扮演的是教育者的角色，教育者对学生做出的指导即是教，学生的个体学习即为学，教与学合在一起就是教学指导，指导学习。翻转课堂的教学模式就是提倡教师协助学生进行自主性的学习，在教师的引导下学生进行自主学习，学生课前自主学习的视频内容要让教师有基本的情况了解，这样才有利于教师发挥其在课堂中的主导地位作用，引导学生的自主学习特性。对于一些自主学习能力不够强的同学，这种教学模式可以促进其主动发挥自主学习的能力。

1. 课前视频的自主学习

教师对于学生的课前指导首先要从制作学生的课前视频着手，视频的形式要能引起学生的注意力，能符合学生的兴趣点，视频的内容需要建立在以学生为主体的基础上，范围在学生了解的知识水平之内，保证学生的自主学习能力被激发出来。其次，教师要对每位学生有充分的了解，因人而异地指导每位学生根据自身情况来制订学习计划，每位学生有目的性地明确学习的动力与目标，教师在视频中可以适当地设置问题和考点，从而间接地检测学生的学习成效如何。

2. 课堂知识内化的自主学习

教师在课堂上组织学生学习课程内容，应采用多种多样的个性化的方式促进学生学习的自主性，例如采取问题引导的形式进行课堂引导，组织学生们分组讨

论知识点。用问题引导学生就是将一个大的问题拆分成细小的问题，根据学生的兴趣特长所在，让学生们用自己的知识量和经验来独立解答这些问题，多个问题被学生各自解决，从而最后一起解决原始的大问题。问题引导的方式可以将学生带入问题设置的情境中，引导学生独立面对问题、解决问题。教师再用组织讨论的方式组织学生们共同讨论问题，每位学生发挥自身的特长、说出自己的见解，教师将所有学生的想法抛给大家一起思考、一起探讨，碰撞出思维的火花和灵感，从而最终获得统一的解决办法答案。教师在群体讨论的过程中也要参与进来，不时地引导学生，使问题得到更好的解决。

（二）小组合作学习模式

介于集体学习与个人学习之间的小组合作学习模式能够综合个人与集体两种学习模式的优点。在小组合作学习模式中，各种事项的决定是在集体讨论的基础上做出的，因此是每位成员都认可的，是学生自由做出决定的。也因为如此，每位成员都将以更加充分的认同感和责任感来面对小组做出的决定以及已定的学习任务，还能在学习过程中对他人以及自己进行监督。课外小组和课堂小组是小组合作学习模式的两种形式。

小组合作学习模式的基础是分组。分组的原则主要为组内异质、组间同质，依据兴趣爱好、学习水平等多种因素，每组人数一般为4~6人。课外小组合作学习活动的开展应建立在小组成立的基础上，在此之后，经过小组集体商讨确定学习计划、目标、任务、时间等内容。明确具体的学习内容与要求后，学生首先进行单独式的视频学习，在所有人都学习完毕以后展开小组总结会议。在小组会议上，成员们可以相互交流自己的学习心得，向其他人讲述自己学到的知识以及受到的启发等，这样有利于小组内各成员进行相互学习与借鉴，弥补自身学习的不足之处，建立更全面的知识架构。除了交流自己的所得，对于个体学习过程中遇到的问题也可在小组中提出并进行集中探讨，对于集体讨论仍无法得出答案的问题可以进行归纳总结，然后到课堂上寻求答案。

对于无法得出答案的问题，小组各个成员可以以小组的形式将问题在课堂上提出来，教师应指导学生展开组内或组间的讨论，找出解决办法，小组成员应再次对讨论结果进行总结，然后进行组间交流。

（三）家长参与学习模式

家长参与学习模式可以让家长全程参与孩子的学习过程，因而家长也就可以对孩子的学习状况随时掌握和了解，这样也使家长与学校能够更好地为学生学习进行通力合作。教师可以通过制作视频进行教学的形式让家长参与到孩子的学习中去，而且还能让学生在家也可以学习。在这个过程中，家长可以陪同孩子进行学习甚至同时学习，成为孩子学习的协助者，有利于加深对孩子的了解与沟通，也能更好地促进其学习。

基于对孩子学习情况的掌握以及与教师的沟通交流，家长可以与孩子针对学习计划、目标、任务等展开讨论并进行制定。在孩子通过教师制作的视频进行学习时，家长也可以参与其中，针对孩子提出的问题引导其展开思考并最终解决，家长还可以针对所学知识让孩子进行作答，促进孩子对知识的掌握。家长参与学习模式下，家长可以随时掌握孩子的学习情况并进行监控，对孩子的学习情况进行了解。

三、翻转课堂模式下自主学习能力培养

翻转课堂模式对学生的自主学习能力要求很高，其要求学生在课外观看教学视频，在这过程中发现、分析、总结问题，针对自己无法解决的问题可以在课堂上提出来，与教师、同学展开讨论，在师生共同努力下将问题解决掉。这都必须依靠学生良好的自主学习能力，所以，在对学生自主学习能力的培养方面，翻转课堂模式具有重要意义。

（一）制作视频内容应符合学生最近发展区，以增强自我效能感

对于自己是否有能力完成某一行为，个体进行的推测与判断即自我效能感。自我效能感强的话表现在学生身上就是会产生想学、相信能学好的期望。这样的期望会激发学生的自主学习动力，让学生主动进行学习，并进一步对学习进行探讨和深入。

视频的具体内容以及讲授方式等对于翻转课堂上的学生来说影响很大，其对于学生的自我效能感具有重要意义。若是视频中的内容太过容易会导致学生无法取得成就感，学生也就无法将注意力集中在学习上；反之，若是内容太过复杂，会导致挫败感，学习积极性也就无法得到有效调动。因此，只有视频难易程度适中才能有效激发学生的自我效能感。对于视频内容的选择以及讲授方式的选择，应当接近学生的最近发展区，让学生通过自己努力就能掌握所学习的内容。教师应当注意的是，有些内容并不适合使用翻转课堂教学模式或者视频教授的方式，并不能为了使用这种教学模式而不顾及是否适合，在采取视频制作进行教学的方式时也要谨慎选择内容。此外，对于最近发展区，每个人都是不一样的，所以教师既要关注整体的，也要关注个体的，对于教学内容的选择，要从简单到复杂逐渐深入，这样的话，基础较差的学生尽力也能很好地学习，基础好的则可以深入学习，不会因此而缺乏动力。

（二）“小步子”进行翻转课堂教学，增加成功体验

学生之所以会出现厌学现象，主要是因为在学习中无法取得成功，久而久之

就会产生严重的挫败感并失去学习的信心与动力。若想激发学生的学习动力与信心，必须依靠学习的成功体验，其是维持学习行为的动力。对于学生的自主学习能力逐渐提高即为“小步子”，在教学过程中，若是无法一次性完成难度大的目标，可以将其分解成一个个较小的目标，一步步迈进。在进行翻转课堂教学过程中可以采取“小步子”的方式，即将教学任务进行分解，让学生一步步地完成，从而获得更多的成功体验，这样就能一直保持学习积极性，从而取得成功。

逐步推进翻转课堂的自主学习的要求：以视频为基础进行导学案教学方式，这样教师在课堂上进行教学时就可以以其为导学案，指导学生进行自主学习，在学习中发现问题并解决问题。学生的自主学习能力得到提升后，教师可以引导学生采取翻转课堂教学模式进行学习。

对于较大较难的教学目标，在教学过程中可以对其进行分解，变为一个个较小较容易的教学目标。教学目标设置过于大而难是教师在教学过程中感觉教学进程难以推进的主要原因，学生在这一过程中也会很吃力，难以完成学习任务，学习兴趣也会因此而下降。因此在教学目标设置上，教师要将难度大的目标分解成可以完成的一个个小目标，让学生获得更多的学习成功体验，从而激发起自主学习的兴趣。

（三）开展“发现—提出—分析—解决”问题训练，重视认知策略

促使学生发现—提出—分析—解决问题的过程就是教学过程，这一教学特征在翻转课堂教学模式中表现得特别明显。基于学生课前的学习，围绕学生所发现的问题，然后教师在课堂上引导学生对于其发现的问题进行分析与解决，这就是翻转课堂模式下的课堂教学形式。所以，认知策略教学亦占据着重要地位。

对于自主学习过程中的发现问题并提出问题的环节中，教师应对其加以引导，熟悉以后，应让学生自主进行。在教师引导学生发现问题阶段，可以将问题在进行自主学习视频之前就抛给学生，让学生带着疑问开展学习。此外，还可以将问题放在视频之后，这样除了对学生的学习情况有检测作用外，还可以让学生发现新问题。通过一开始的教师引导学生发现问题阶段，积累发现问题的认知策略，这样可以让学生逐渐具备发现并提出问题的思维与能力。

在课堂上，针对分析问题并解决问题的环节，教师必须更加注意具体方法的教授。教师应当根据具体的问题情境让学生了解认知策略，掌握分析与解决问题的方法。学科有所不同时，侧重点与思维方式也会随之发生改变。教师在教授认识策略过程中应当由具体到一般，让学生逐渐具备这方面的能力。此外，运用多种方式分析问题也是非常必要的方式。

（四）多方参与学生对学习计划、监控、评价，提高元认知控制能力

元认知是对认知的认知，其主要包含两方面的内容：一方面表现为对认知过

程的知识和观念，另一方面表现为对认知行为的调节和控制。运用自我监视机制从而保证任务得以圆满达成即为元认知控制，具体来说就是让人知道原因为何以及具体的操作过程，其包含很多方面的内容，如认知任务的认识、计划制订等。在学习任务制订、学习监控以及结果评估过程中应当让多方参与其中，只有这样才能更好地让学生进行自我管理。

在新的教学模式下，学习的主体应为学生，但是教师、家长在学生元认知监控能力还不够成熟的时候应当积极参与其中，对于计划的制订、过程的监控、结果的评价进行指导与把控。在制订学习计划时，教师与家长可以进行引导，让学生制订出的学习计划具有可实施性以及必要价值。此外，对于学习计划的制订，同学之间也可以一起商议，相互监督，这样有利于计划的实施。在学习过程中，家长与教师多进行鼓励与交流、学生之间进行监督，可以让学生更加积极地投入到学习中去，提高学习效率，促使学习计划得以落实。结果评价可以通过教师的检测试题得出，也可以通过与同学之间的交流探讨得出，从中发现问题、解决问题，并进行反思与总结，从而调整学习策略，提高自主学习能力。

第二节　翻转教学与教师角色转变

无论何种教育教学改革，教师始终是改革成败的核心与关键。翻转课堂教学改革也不例外，教师需在充分理解翻转课堂教学理念的基础上，找准自身的功能定位，实现角色的转变。具体而言，教师面临的转变主要体现在以下几个方面。

一、从以“讲解”为主到“激疑解惑”为主

我国传统上把教师的角色定位为“传道、授业、解惑”，“传道”的角色与功能是放在教师工作中的首位的。长期以来，我国的“教学论”非常强调对教师“如何教”的关注。

高校教师授课时长都有固定的规定，那么就需要教师在上课时要充分利用课上时间，最大限度地帮助学生激发疑惑然后引导其解决，这是翻转课堂教学方法的要点。高校的授课时长大同小异，在这短短的时间里该教什么，带领学生做什么非常重要。按照教学目标来说，传授知识和激发学生思考都应该做到，这两方面都不可以忽略。这就需要高校改变传统的教学模式。有关基础知识的讲解，是没必要放到课堂上讲解的，教师可以把基础知识做成小视频，让学生在课前自行学习，课上主要是集中进行沟通和交流。当师生面对面时，可以对知识点的不理解之处或者一些技术上的困难进行探讨，这时候教师主要起引导作用，努力激发学生的创新能力，然后观察学生的反应，不断调整课堂内容，把握教学节奏。学生是这个过程中最重要的参与者，教师的教学要完全围绕学生来进行，不要只是

站在讲台上传播高远的知识，要切合学生的实际情况，做好引导教育的工作。教师对于学生来说，能够发挥最大作用的时候，并不是传统意义上的讲课的时候，而是当学生被难题困住迷茫的时候，这时候教师施以援手，提出必要有效的建议是最好的，最有利于学生吸收知识，所以教师必须利用好课上授课时间帮学生解决困难。

二、从传授知识到发展高级思维能力和培养综合素质

最近几年，我国加紧了高校课程改革步伐，新课程的目标非常清晰，要求对学生进行全方面多角度的培养，其中包括专业的知识、高超的职业技能、严密开拓的思维、多样的方式方法、高水平的情商、健康的心理等各个方面，这比传统的传授研习学科知识更有意义。一般的知识讲解和学习都可以借助小视频来完成，让课上时间更加有效率，可以更好地进行翻转课堂教学模式，为打造全方位人才奠定坚实的基础。在这种教学模式之下，依靠课前已经掌握的基础知识，可以充分利用课上时间，采用多元化教学手段，引导学生进行表达，促进学生和教师的交流次数和深度，帮助学生发散思维，激发他们的主观能动性，提升团队凝聚力，不断锻炼学生的操作能力，让他们的德智体美劳全面发展，获得更好的心理感受和对美的追求。所以，开拓学生的缜密思维能力、提高学生的各方面素质就成为翻转课堂教学的最重要任务。要想做到这些，必然需要综合素质更加强大的教师：一是要有文化积淀，对学科知识驾轻就熟；二是要有先进正确的教育理念，可以在课堂上向学生传播正能量，把握学生的思想动向，三是要求可以组织学生参与活动，能够做到控制全局，帮助学生全方位多角度综合发展。

三、从面向全体到面向个体

随着社会的进步和未来工作的多元发展，高校教学越来越倾向于关注学生的个性，针对每个学生的兴趣爱好来改善教育模式。知识必然要学习，但是可以给学生一定自由，让他们自己控制学习节奏，但是成绩还是要保证的，不能放任不管。因此，对高校教师的要求也相应提高了，不能再按照传统的教学方法，不管学生的个性对所有学生统一进行填鸭式的教学，教师们要了解每个学生的独特个性，制订教学计划，在小视频教学和课上教学中都要注意这一点，符合个体的教学风格会更加有利于带动所有学生共同进步。

（一）微视频“一对一”的讲解风格

课前学习的小视频是由教师自己录制的，作为教师应该明白，这时候学生是在教师完全不在场的情况下自学的，所以教师就要考虑好自己的讲解风格，可以适当做些转变。根据了解到的学生的个性，合理调整讲解方式，把千篇一律的授

课变得具有独特个性、多种多样。同时，在语言的掌控上，可以更加生动活泼或者更加和蔼可亲，带点小幽默也未尝不可，但是一定不能偏离科学、严谨、规范的要求，要想尽办法帮助学生提高学习效果。

（二）课堂内有针对性的指导

学校要及时检测学生的学习状况，还有教师对学生情况的了解程度，这样才可以根据学生的学习水平来制定课程内容，在正式开课的时候，教师就可以针对学生的疑点难点进行针对性的指导，不断帮助学生提升学科成绩。因此，教师需要行动起来，拉近与学生之间的距离，通过近身观察增加对学生的了解，同时使得学生更容易敞开心扉接纳教师，良性的师生互动就会自然多起来。从表面上来看，课上教师不再站在讲台上滔滔不绝了，好像教师没有那么重要了，但实际上，教师的角色却是更加重要了，在学生求学的路上教师指路明灯的作用更加凸显了。

第三节　翻转教学模式下外语定制化教学目标、原则

一、定制化概述

规模定制化是为了在个性化消费与市场竞争中寻求平衡的有效策略。

（一）定制化战略分类

定制化的概念是相对于标准化概念提出的。社会经济和科技的重大发展是定制化产生的推动力，当前对定制化的强烈追求，容易让人们忽略一个事实：定制化和标准化是现实商业世界战略连续体（continuum of strategies）的两个极点，是两种生产模式的极端状况，但是大部分情况是处在两极之中。可以将定制化定义为一个过程，即由完全标准化向完全定制化发展的过程，由完全统一化向完全个性化发展的过程。可以将这样一个战略连续体划分为五个层次，如图 6-1 所示，选择一种倾向性，是更倾向于标准化，还是更倾向于定制化，寻求两者之间最有利于发展的平衡点才是决策者应该做的事情。

完全标准化（pure standardization）是在一个标准化的设计下，以尽可能大的规模制造，然后以通用的方式销售。在这样一种完全标准化的战略下，完全忽视用户之间存在的差异，生产过程完全不考虑用户的个性化需求。部分标准化（segmented standardization）是将用户分成一定数量的用户群，每个用户群内有相对一致的需求，生产根据不同客户群的需求做出调整。这种生产模式中只有一小部分的产品功能是标准化的。生产者以一个通用基础设计为蓝本，提供多样化的设计供用户选择，以满足用户群体的个性化需求。但是这种定制并不是针对用户

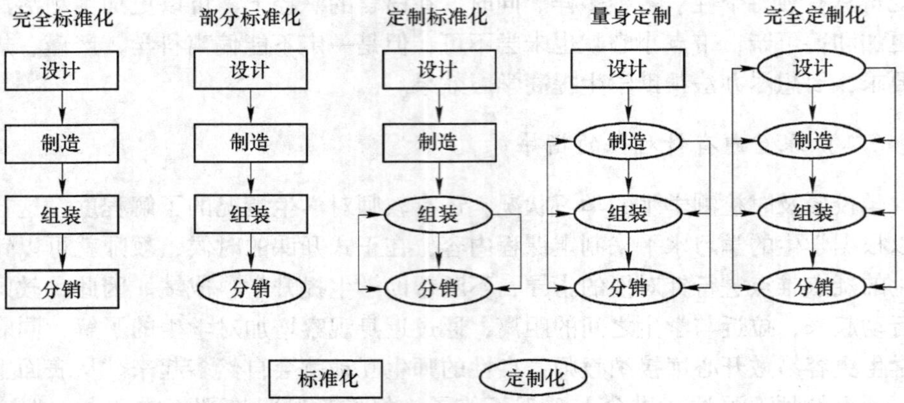

图 6-1 大规模定制化战略连续体

个体的，只是为用户提供了多种选择，用户依然可在一定范围内选择尽可能满足自身需求的产品和服务。

定制标准化（customized standardization）是以用户的需求为生产要求，将已经生产的标准化部件根据用户的需求组装出来。在这种先进模式中，定制化主要体现在产品的组装上，部件的生产都是按照统一标准进行的。根据大众市场的统一要求生产适合大众使用的统一产品，这肯定不能满足个别客户的个性要求，这种“标准化的定制”可以被称作“定制标准化”，或者叫作“模块化”、“配置”等。其实，单独面对每个客户，是可以做到“个性配置”的，可是只能在既定的小规模范围内，而且必须受制于大规模的模块化设计程度，这样才可以顺利实现个性化定制。

个性化定制就是根据顾客的细微要求对其本人进行量身定制（tailored customization），在这种战略中，操作方法是先让客户看到标准化产品是什么样子的，然后征询客户的意见，采集他们的细微需要，把标准化产品进行合理改变，将成品推进生产，来充分满足客户的个性化需求。目前的量身定制越来越受到广大顾客的认可，量身定制市场迅速扩展。

在量身定制的基础之上可以再精进一步，就是进行完全定制（pure customization），这种方法是完全的按需定制。这时候，顾客和生产者的关系就发生了相应的变化，二者不再只是简单的供求关系，而是成为一种合同同盟的战友关系，他们共同发力，一起制造，充分参与其中，一起制订计划，双方充分表达自己的意见，做出最终的决策。生产商参与用户的决策里，用户也渗透到生产商的决策，这使得产品的个性化达到了极致。

虽然目前定制化生产在不断发展，但是定制化设计的主要机制基本没有什么变化。

（1）模块化设计。模块化设计是指在一个设计过程中，每一个模块对应一项功能，为每一项功能设计一个模块，但是对每一个模块都留有调整余地。

（2）有限数量的生产流程。每一个流程只专注于一个模块的生产。

（3）推迟的差异化。产品的生产和供应被分解为两个阶段，第一阶段是标准化产品的生产，第二阶段是依据用户需求进行的具体模块的组装。产品的差异性和用户的需求在第二个阶段才能被体现。

（4）用户参与。用户参与是大规模定制的核心，开展定制化就在于让用户具有对产品设计开发、生产制造等环节的决策权，用户自己设计产品来满足自己的需求。

（二）定制化在教学中的应用

按照目前社会生产中的情况，大规模定制化中的标准化与个性化既是矛盾的双方，又缺一不可，站在现在高校的教育角度来看，学校一般制度的标准化是和学生个人的个性化相互冲突的，但又是可以保持平衡的，这时候可以学习生产中大规模定制的情况，将教书育人的学校比作生产者，把学生们当作消费者，生产者努力策划方案来迎合消费者的个性需求，打造全新的教学系统，帮助学生开发智力，提升学生的创新能力，将此作为高校改革的目标。商人做生意，要在节约成本的基础上生产最多的产品来获取最大的利润，商业定制化就是既要达到这个目标还要满足个体需求，把规模化生产和个性化生产这两种生产模式的优点进行结合，不能降低对利润的要求，也尽全力实现每个用户的独特要求，专门为用户定制个性的产品和服务。应用到教学之中就是努力实现标准化大规模教学和学习者个体定制需求相结合，不可以降低教学的成绩和品质，还要做到在充分了解学生的独特要求和个人特点之后帮他们设计独特的教学计划，帮助学生实现个性化发展。

现阶段社会上流行的定制化教学有很多优点，但是仍然存在不足之处。一般定制化教学会被职业院校用来培养专业人才，来迎合不同用人单位对专业人才的需求，这种方式效果显著，有利于提高毕业生的就业率。但是这种定制化教学满足的是用人单位的需求，却不能满足学生的自身发展需求，这与高校教学的新发展要求是相左的。但是这种模式本身来说还是有一些优点的，首先这说明高校对学生已经涉及了部分个性化教育，然后帮助学校节约了部分教学成本，培养出的学生被社会所接纳，教育资源的作用得到了充分发挥。

（三）历史渊源

1. 凯勒计划

凯勒计划是由美国心理学家凯勒创立的，又称个人化教学系统（personalized

system of instruction，PSI)，是一种强调学习者自学，以学习者自定速度来适应个别差异的个别化教学理论，主要包括学习者的教学程序、个别辅导系统、学习者个人自定的教学进度等。1968 年凯勒在美国心理学会上做了题为《老师，再见!》的报告，首次阐述了其个人化教学系统的主要观点和主张，凯勒计划的教学系统如图 6-2 所示。

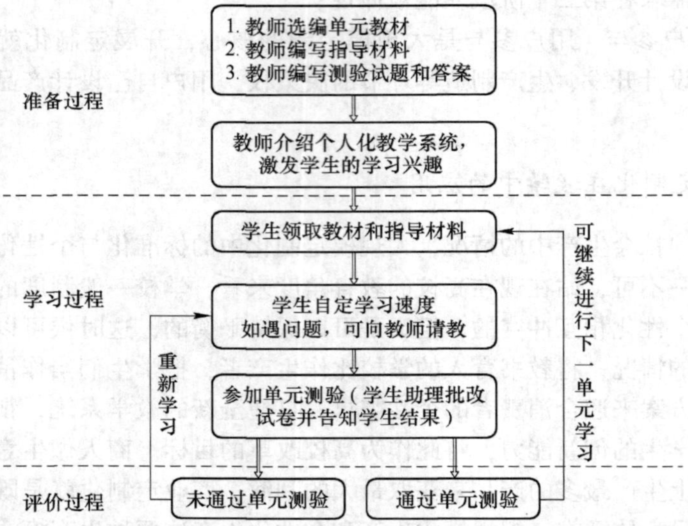

图 6-2 凯勒计划教学系统

凯勒计划教学系统有五大特征：

（1）掌握为指导。凯勒的观点是，学校传授的知识学生都应该掌握，为了查看学生是否已经掌握了教师教授的知识，学校需要安排相应的考试来对其进行检验。当学生顺利完成考试并取得可喜成绩时，可直接学习接下来的教学内容；要是没有通过测验，那就只能重新学习这部分知识，直到掌握纯熟，可以通过测验。当对学生要求增高，需要他们把每个阶段的教学知识掌握得更加牢固更加精深的时候，学生对自己的要求也就会相应提高，他们会想要努力取得更好的成绩，来得到教师的肯定和实现内心的满足。

（2）学习者自定学习速度。学生们每个人都是独立的个体，每个人的基础水平、努力程度、吸收能力、学习技巧、掌握速度等都不一样，所以，凯勒认为可以把学习速度及学习进度的控制权交给学生，让他们自己来掌控。可是学校也不可以就什么都不管了，学生的成绩还是要保证的。因此，学校要明确对学生的要求，必须能通过学校的最终考核，这样才能达到学校的既定目标。

（3）教师用少量地讲几次课来激励学习者。凯勒认为，教师应该少量地讲几次课，而讲课的目的不在于传授知识，而在于激发学习者的学习动机和学习兴趣，同时这种讲课形式有利于增进师生互动。

(4) 使用指导性教材。教师编写的单元教材、指导材料、测试答案等是主要教学来源，教师只是一个辅助者的角色。因此系统编制教材是凯勒计划中最重要的一环，因为只有提供完备且合适的教学材料，才能指导学习者自定速度的学习。

(5) 安排学习者助理。作为学习者助理，必须做到以下三个方面：第一，对学生上交的试卷进行批阅，批阅之后把成绩誊抄下来，第一时间告知学生他们的成绩；第二，在学生学习的整个过程之中，观察学生在哪个位置遇到了麻烦，这时候要针对其麻烦进行认真辅导，把教师教授的知识利用更有效的方式教授给学生，来解决学生的困难；第三，监测学生的学习情况，向教师汇报学生的学习进度，协助教师教导学生。

2. 文纳卡特计划与道尔顿计划

历史上的文纳卡特计划是一种教学组织，该组织是由美国教育家华虚朋（C. W. Washburne）在芝加哥文纳卡特镇公立学建立起来的，在文纳卡特计划中把课程分为两个重要组成部分：其一是学生遵从学校的安排，认真学习学科知识，研究"巩固必修学科"，学生们要自己独立完成阅读、计算、记录、文化史记、天文地理等各方面的知识和技巧；其二是学生在课堂上组织活动，可以采用音乐、艺术、运动、集会以及开办商店、组织自治会等诸多形式帮助学生建立"社会意识"，融入社会生活。

在1920年，于马萨诸塞州，美国教育家柏克赫斯特（Helen Parkhurst）在道尔顿市公立学校形成和实施了道尔顿制。据记载道尔顿制包括两条基本原则，还有著名的三项主要措施。两条基本原则是指学习者自己制订计划、安排自己的活动的自由原则，以及学习者在学校内学习的合作原则。柏克赫斯特提出，其实学校就是一个小社会，学生们应该在学校中学会合作，提升团队合作能力。实际上，这两条原则都是为了提高学生自学和与相互合作的相关能力。

主要方法如下：首先，根据学习者的需要和所学内容布置作业，以学习者为中心来布置作业内容和作业的多少，以作业带动学习，作业是学习过程中的主要部分，针对作业中的重点难点和学习者不会或者遇到困难的内容进行讲解和指导；其次，根据学科来设置实验室，实验室中的书籍、实验模型、实验器材和实验标本要与本科的课程相匹配；最后，将学习者的成绩记录在档，这样可以让教师全面了解学生的学习情况，还能够让学生知道自己的成绩的波动情况，能直观地了解自己的学习水平，从而促进学生学习的积极性，提高学习效率。

在道尔顿教学计划中，其倡导根据学生的不同特点来进行灵活多样的指导。在大学的学习中，大学生更多的还是根据自身的兴趣和意愿来进行学习，所以大学更应该倡导这样的教学理念。大学应培养大学生独立自主学习的能力，方法具体为：教师定期（以周为单位）给学生集体授课，并制定课后学习的内容和作业，学生按照任务安排，在专业自习课时进行自学并高质量地完成布置的作业，教师再对学生的学习情况和完成作业的情况进行考查，学生合格后，教师再布置新的学习任务。道尔顿制挑战了传统教学的班级、年级等教学模式，将“学习合同”的教学理念融入学习中，顾名思义，“学习合同”指学生以自己的学习能力为依据和教师签署的学习计划合同，“学习合同”更加突出学生学习中的地位和主动权。

不过，凯勒个人化教学系统、道尔顿制和文纳卡特制的教学模式有一个共同点就是他们三者的教学效果并没有达到预期效果，甚至不尽如人意，所以，很难推广。虽然这些教学模式和理念的教学效果不好，但主要是当时教育发展程度不高和教育资源有限等原因造成的，在当前高度发达的互联网时代，我们的教育高度发展、教育资源非常丰富，为这种以定制化教育为中心的教学模式提供了可能，所以高校可以研究能否将定制化的教学模式融入高校教育中。

（四）定制化教学的模式分析

专家分析凯勒计划教学系统、文纳卡特计划和道尔顿计划后，得出了定制化教学的通用模式，具体如下：首先是定制化教学的准备环节。为进行教学进行准备工作，比如学生的自我分析评价和分配教学资源等，准备环节的顺利进行对制定化教学的实施非常重要。其次是定制化教学的开展环节。根据学生的能力和兴趣进行学习计划的制订，将教学资源分配给学生，学生自学并完成作业，教师根据学生的具体问题进行指导，整个学习过程是以学生的自主学习为中心，教师的指导不是主要作用，只是帮助学生解决自己解决不了的困难和问题。最后，是定制化教学的评价环节。采取测验的方式考查学生对所学内容的掌握情况，根据测验的成绩对学生的学习情况进行评价分析，同时也以此来进行下一轮教学设计，具体模式如图 6-3 所示。

1. 教学准备阶段

在对学生进行正式教学之前，要进行提前准备，对学习者进行学习情况的分析和水平的了解，从而对学习者可以安排出针对性更强的教学策略。前期的教学准备，就是一种教学设计的基点。与此同时，利用相关的教育资源进行一定的辅助作用。根据学生情况来编写更加有针对性的教材、练习材料和测试考试等，如此一来，教学水平在特定化的模式下可以更加准确地提高孩子的自身学习水平。但是这对于教师的教学水准也有一定的要求。教学效果要在后续的学习中才可以逐渐显露出来。资源分配方式是一种辅助学习的教学模式，根据学习者的需求将资源以及参考书等进行针对性的分配，以此来配合学习者的学习。在前者的准备阶段对后续教学有一定的保障作用，只有在此基础上进行更加充分的准备，才能

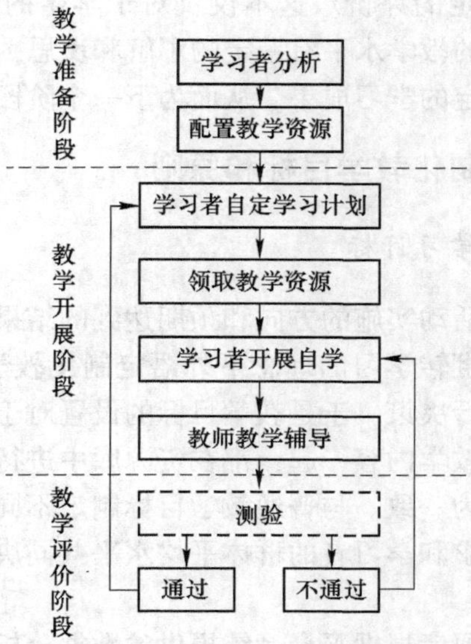

图 6-3 定制化教学具体模式

在后续教学中做出更完善的教学体系，满足学习者的个性需要，从而体现帮助学习者提高学习能力的基本需求。所以教学准备阶段在整个学习系统中占据非常重要的地位，这更是一种前提条件。

2. 教学开展阶段

在进行前者的准备阶段之后，便要开始进行教学计划，学习者可以根据学生的学习情况来进行针对性训练。而教师的功能则是体现在辅助学习者的学习上，教师可以根据学生的水平进行定量的学习计划、学习策略，可以在教师进行辅导之前进行一定的自学，自己为自己制定学习目标，但是在遇到问题的时候也要先自行解决，如果无法解答，再向教师寻求帮助。

教师和学生一起完成学习任务，可以培养学生的自主学习能力，而教师的负担也会大大减轻。学习者对于教师的依赖是十分重要的，而教师对于学习者的辅助作用也是起到了决定性关系。学习助理在整个教学过程中起到了帮助和反馈作用。对学习者的学习情况进行定量的分析和记录，可以及时地反馈给教师，使教师能够更加了解学生的情况。

3. 教学评价阶段

在不同阶段的教学过程中都要进行评价。这种评价作用体现在对于上一段学习成果的反馈。将优良的学习模式进行进一步的提升，效果较差的学习模式就要摒弃。对于教学成果的检测，也要特定化，根据学习者自身的学习水平，制订特殊的学习计划，如果没有较好的学习效果则要重新定制。在不同阶段的教学活动中，学习者都要在通过教师的测验之后，才可以进行下一个阶段的学习。针对不同阶段的测试都会有一定的评价。这不仅仅对于学生的学习成果起到了反馈作用，更是对教学者本身的教学水平有一定的了解和反思。教师测试的基本目的在于检测学生是否取得一定的学习成果，从而为下一个阶段的学习计划打下基础。

二、高校外语定制化教学目标和原则

（一）教学目标与学习目标

教学目标是指教学活动实施的方向和预期达到的结果，是一切教学活动的出发点和最终归宿，因此翻转学习的理念下外语定制化教学也以教学目标为起点。定制化教学由学习者进行决策，于是教学目标的设置对于保证教学质量来说非常重要。教学目标往往和教学内容一起，都在资源库中进行存储，且对于固定的教学内容，教学目标也较为一致。与普通教学目标制定不同的是，定制化教学的教学目标由人才的培养要求和学习者的群体平均水平共同决定，而不会以此要求学习者的学习成果。

定制化教学中，学习者根据平台系统提供的数据分析与评估结果并参考自身能力和认识水平来自行进行学习目标的设计。学习目标是学习者在学习中努力的方向，同时对于教师来说也是教学过程中的重要关注点。

由于教学目标反映学习者所在群体平均水平，教师应该指导学习者在制定学习目标时不低于教学目标，这样才能够让学习者有提升的空间，超过群体平均水平，获得自身的发展。

（二）高校定制化教学方案设计原则

1. 充分尊重学习者的决策权

让学习者可以拥有自我进行教育选择的权力是高校定制化教学的核心，具体来说就是从自身能力和兴趣爱好或是社会的需求与其他参照系出发，学习者作为学习的主人自主选择所要学习的课程与教授的教师，自主选择自身的教育轨道。由于学习者受各方面限制，或许全面客观地了解自己、正确对自身发展做出规划甚至设计自己的教学方案十分困难，也无法做出当下对自己来说最优的选择，然而作为教师应该尊重学习者选择的权力，因为学习者在不断进行选择与决策中可以得到能力的锻炼与提升，从而逐渐成长，慢慢地能承担相应的责任与做出正确的选择。教师不应该替代学习者做出决策，而应该由学习者的特点出发，做他们学习过程中的知识提供与辅导者、帮助者。

2. 关注社会需求的原则

根据高校定制化教学的要求，高校在组织教学与教学活动的开展时，应该充分考虑到学习者的个性、兴趣爱好、知识体系、认知与能力的结构、价值观、思维特点等。不可忽视的一点是，学习者具有社会性。教育在对学习者以人为本、进行人文关怀的同时，应该重视社会发展中的客观需求，帮助学习者把个人价值取向与社会需要联系起来，才能实现其个体的真正发展。综上所述，定制化教学应该帮助学习者结合自我需求与社会需求，同时实现社会价值和自我价值，成为社会发展需要的人才。

3. 系统性与整体性原则

定制化教学方案设计包含教学过程的各个要素，为满足不同学习者的多元化需求，这些教学要素处于弹性自由状态，一种要素的改变可能导致其他要素的改变，选择了一种教学要素，也会对其他教学要素造成影响。所以，整体性和系统性的原则是定制化教学方案设计的必要守则。用系统与整体的思想进行设计，要关注学习者对于个别教学要素的需求，也要考虑到其与其他的要素的联系，在反馈之中调整整个教学体系，保证其全面发展。在这种互动的过程之中，高校要建立起提升学习者智慧、能力与幸福感的定制化教学方案。

4. 动态发展性原则

作为不断完善与发展着的个体，学习者的需求与选择不会永远不变，这就要求用动态与发展的眼光来对待学习者，同时，设计定制化教学方案也应该遵循动态、发展的规则来进行。为了促进学习者的发展，应该对学习者的个体特征变化加以充分关注，并对其个人数据不断进行更新，以此对其个体进行把握，并随着其个体特征变化对教学方案进行调整，不断修改与完善教学方案。

第四节　定制化教学体验——一项个案研究

作为教育信息化和需求理论的产物，2010 年前后翻转课堂在世界范围内传播和风行。翻转课堂不是传统课堂的“被动听课的地方”，而是“互帮互助的工作室”，是探究性学习活动和互动的中心。在翻转课堂教学中，教师是学习的指导者和促进者，学生是主动研究者。此外，随着计算机技术辅助外语教学（CALL）和移动技术辅助外语教学（MALL）的发展和使用，所谓课堂无处不在，翻转课堂也无处不在。但大学外语作为一门非常重要的必修课程，必须解决以下问题：怎样把传统课堂和翻转课堂相结合；怎样根据学生的外语听说读写水平，基于专业和未来职业发展的个性化需求以及校园内外信息技术条件等开发教学资源、设计教学流程、控制学习过程、提高教学效果；怎样提高学生的参与度与思维度；怎样统一教学的规范性和创新性；怎样激发学生的潜力等。

定制翻转课堂实验于 2015 年初计划在计算机专业实施，这是吉林大学珠海学院计算机系同外语教学与研究中心的教师合作的结果。计算机专业学生必须拥有一定的外语应用能力，这是因为外语国家是计算机信息技术的发始国家，英语编程是世界通用的。对计算机科学与技术系学生的专业外语教育是大学后两年的教学内容，频率为一周2课时；前两年学习的是同学生专业联系不大的作为通识教育里的大学外语教育，课程安排为一周4课时。不过要想在此前提下使大学外语教学模式产生更好的教学效果，可以按照这样的新思路来做：将实际外包项目以某一方法融合到专业外语当中，结合计算机教师的专业水准和外语教师的专业水平，同计算机专业学生的需要来进行教学指导。从而使外语教学与实际应用连成一线。

以提供语言支持，帮助学生使用外语来对学科知识进行学习为教学目标，使学生对“专业领域的技术性讨论”等专业学习知识有一个更好的理解就是“学业用途英语”，即EAP（English for Academic Purposes），它分为两部分：EOP（职场英语）、EAP（学术外语）。对ESP这一专门用途外语的贯彻落实是对大三、大四学生的要求。关于时事方面有自己的看法的同时能看到多种可能性并能对其利弊进行说明；对各个领域的知识都有所了解；当和说母语的人交流时不尴尬，能轻松进行流畅对话；对文章中类似于学习者专业领域的技术性讨论等抽象或具体主题的内容能有一个基本理解。这是对大一、大二外语教育的要求。

对于计算机系学生来说，在学习深造或者发展职业方面外语能力的缺乏体现在多方面：英文专业论文地撰写、英文专业文献的研读、在跨国公司参加英文面试以及同本专业教师共同参与一些国际合作项目。要想以“混合型模式”实现线下线上无缝连接，下面是一些详细做法：

首先，以制定式教育方式来对有兴趣就业于计算机专业领域的学生进行具体教学，对一些计算机专业外语学术能力较强，致力于计算机科学技术研究，在学术报告的完成、论文的写读以及研究方面都能对英汉双语运用自如的研究型、国际型计算机技术专业师生，以辅导专业外语考试为例；以及对著名跨国企业希望凭借自身优秀的外语交流能力、专业知识来谋得一份岗位的应用型国际型计算机专业的学生达成各自目标都给予帮助。

其次，以创新性语言辅导课程来对有兴趣在计算机专业领域做学术研究或者继续深造的学生进行具体教学，使做学术研究的学生同其导师合作，共同立体式辅导其处于撰写或研读中的论文。

最后，以语言辅助项目小组的形式进行计算机科学与技术领域上一些专业国际合作项目，为实现创新性国际型计算机专业人才的培养以及项目实施效率的提高，合作上实施“一对一”的形式，进行完美结合。

定制翻转型大学外语课堂效度调查结果如下：

第一，蓝方、蔡芳等教师积极关注有志于在计算机专业领域进一步深造或进行学术研究的计算机专业师生的科研动向，目前，帮助计算机系师生完成高质量论文翻译多篇：2015.05，A Designed Application of RFID Gantry ICPMIMT 2015 收录第1作者 ISTP 检索：WOS：000358529700013；

2014.08，The Designand Implementation of a Hot Switch Isolation Circuitcard ICPMIMT，2014 收录，第 1 作者，EI 检索：20143518113032。

第二，一些计算机专业的学生在中信银行出国金融中心 2016 年初春展开的实习生招聘期间提交了个人简历。作为商业银行的中信银行在中国第一次有了出国金融服务的提案，这对外语及计算机同时掌握的专业性人才的需求很大，尤其体现在网络开发及电子金融业务等领域。因此，该招聘对应聘者的英语水平十分看重，所以为应聘学生提供帮助的指导教师有蓝方和王晓宇。他们在专业术语、面试以及书写简历等多方面专业指导这些计算机专业各个年级的应聘学生。以当前最受欢迎的使用人数最多的模板来书写英文简历，在学生的写作能力上以基础训练的方式来使其提高，以此为前提，为使简历的书写语言的表述更加专业、地道，可以将同简历要求相符合的常用表达方式导入其中。在一份漂亮的简历制作完成之后，导师还要从面试技巧入手，全方位模拟面试情景，不论是面试语言还是面试仪态，还有一些英文模拟问答环节的设计，像未来职业规划以及职业理想的问答、将计算机技术融入金融领域的问答等。培训过后的学生不但掌握了一定的面试技巧和书写简历技巧，对交际外语互补于专业外语的这一关系也有更强的意识，更好地了解到外语的讲法以及专业性的讲法都是专业领域信息传递不可或缺的两个部分。因此，即便只有少数学生被中信录用，而那些未被聘用但参与培训的学生也获得了一份难能可贵的经验。

第三，良性学术互动的氛围在计算机系师生与外语中心教师之间展开。该项目为使学生的外语水平得以提高，为高质量的外语教育创造环境，要求大学外语教学与研究中心教师自身的科研能力、教师质量、综合素质都要得到提升，如此在当前这个网络时代的环境下，创造出一种创新性大学外语教学模式，使独立学院的学生与社会需求相适应。

第四，WORDWONDER（即一种四级教学单词测试软件）是在同计算机系教师的参与下由郝霞设计出来的，同时学院教育信息化这一课题也被申报成功。

第七章　翻转学习模式下外语教学的挑战

翻转学习模式的应用实现了“以学生为中心”的教学理念，推动了外语教学改革。然而，在新模式下面临的挑战影响了翻转课堂教学的效果。本章基于翻转学习模式理论，从不同侧面分析了翻转课堂模式下促进自我指导式外语学习、翻转课堂与现代教育的转变、互联网时代与信息技术带来的教学模式挑战，从而推动外语教学发展。

第一节　翻转学习模式中促进自我指导式外语学习的分析

一、翻转课堂中教师的教学能力分析

从目前一些学校的实践来看，翻转课堂，不论是“先学后教”或“先学后议”，如果只有形式，甚至只是形似而没有内涵和本质。有些是在理念上存在偏差，对于许多教师来说，这种新事物、新实践需要他们对其理论和本质规律有准确深入的把握。有些只是提前布置了作业或者视频，课堂教学没有变化；或者仅仅把原先就有的实践环节当作翻转课堂。有些教师把所有的内容都交给学生去完成，没有引导或指导，达不到“知识内化、问题解决、思维拓展”的要求；有些只是以检测的方式检验学生是否完成了课前预习。

（一）教师在翻转模式中的任务

对学生自我指导式的学习效果及时关注，传授给学生的知识内容要具有完整性，在教学技能上使教师得到锻炼，这些高要求是教师在翻转课堂上必须做到的。对教师来说最具挑战性的就是活动设置与任务。“学习共同体”是在教师指导下学生的自主学习能真正有效的前提下形成的。

第一，要完善教学目的的传递。对师生来说十分重要的是一致的目标，因为翻转课堂是凭借课堂教师的授课与学生自主学习相配合来达成教学目的的。教师可以促进、帮助以及引导学生的自主管理学习，有助于学生形成良好的学习观念，要想使学生对自身各方面的学习完成统筹管理，学习节奏改进调整，对自己的学习进程进行阶段性的评价、总结，学习计划的制订上自觉主动，且对教师的

教学积极配合，就要使学生对教师的教学理念在观念上产生认同感。

第二，从 Krashen 的“$i+1$”理论中吸取经验，课前任务在学习者现有水平的基础上稍微提高要求来进行设计。对教师而言，若知识点的应用价值有差别要进行有效、合理的划分，对教学目标及其内容要深入了解并进行详细分类，对课程的节数、课堂的知识点以及各个知识点间的关联等学科的“知识图谱”有一个系统的了解。因为对学习效果产生影响的因素有教学目标的结构、具体化、层次性以及深浅度。以此为前提，要想提高学生对教学内容的兴趣和理解，对各自的学习方向及重点侧重安排，就要以学习者的特点、知识特征为依据将最好的呈现方式设计出来，当然这都是以整合能力的精准、知识的广博为条件的。

第三，有助于学生教学目标的提前制定，有助于教师了解学生已掌握的知识程度以便对教学重点进行调整，这些都是课前任务的优势所在。因此，课堂教学是以课前任务的完成度为依据的。课堂交流是以发现学生的问题为主，师生间的互相合作、互相讨论贯穿于整个教学活动。以完成任务的形式对学生的思辨能力进行培养，使学生成为后续课堂讨论的主动参与者；为学生的课后学习积极性得以激发，将知识体系中大量的知识点设计出一套教学方案，这都是需要教师考量的方面。

第四，关于作业方面尽快做出反馈。“一天之内做出反馈”的标签会使学生对自主学习成果的反馈抱以期待，在讨论过程中自身得以拓展，进步方式更加明确，从而有助于学生不断提升自我。同时学生可以获得来自多方位的支持，教师给予学生的主要是分析不足及优势鼓舞，不只是单纯的分数。因此，教师应当重视对学习者的点评，反馈速度且有效对学习者明确将来的学习方向也有帮助。

第五，对学生在知识方面的需求积极回应。与传统课堂有差别，翻转课堂上教师不但要有心理预期还要有效回应学生对课程的期待及需求；对学生没有吃透的内容以及普遍缺失的内容等信息要时刻掌握，以便对课堂节奏进行调整改进，防止因有缝隙的连接而使知识的掌握不完整。

第六，在任务设计方面以学生水平及教学目标为依据分出层次性，将知识点同语言点相平衡来设置任务。如果主题已经十分熟悉，那么对学生思辨能力及拓展方面则是课堂主要讨论的方面；如果主题有了一定的了解但还需拓展，教学则侧重于疑点、难点以及重点方面；如果主题从未接触过，则应主要对新知识点进行讲解。

第七，增强课堂的趣味性。学习是一个艰辛的脚踏实地的过程，人们能做的就是为这个过程增添些许趣味。而具有趣味性的课堂方式有很多种：像《My Fair Lady》这样的电影可以在课后给学生播放，从研究方言、语音教学、服饰文化以及社会阶层与语言等主题来自由选择，以各自迥异的切入点来完成一篇调研报告，如此学生可写的东西便不少，即使是深入调研某一主题也足以激发他们的积极性。像这样的学习任务就融合了兴趣，有助于学生积极获取信息，从而提高语言运用能力；此外，大家受到的新启发很多来源于学生的点子，因此可以尝试以学生作为主持者开展课堂教学活动。

第八，互相交流学习策略十分有助于学生为自身学习承担责任以及自主学习能力的培养，同时有助于他们在完成任务的过程中深刻体会学习策略的价值意义，有助于他们在不断尝试的过程中选择最适合自己的策略，使学习成果最有效化。因此，对学生间的彼此交流应该加以重视。教师要观察、引领、参与及组织学生的话题讨论过程，对所有学生的优势、知识架构、技能都熟记于心，将拥有实践特长、听觉特长、视觉特长等各具优势的学生进行同类分组，从而讨论或其他活动的展开都是以小组形式进行的。学习者间彼此补充是以他们的差别为契机的，一些十分新奇的结论也能从行为方式与思维的碰撞中产生。

第九，找到帮助学生学习的方法。学习者能力的激发以及学习活动的完成、知识的顺利输出都离不开教师的帮助、引导。评估学生的学习过程，及时反馈出现的问题以及密切观察他们的讨论都是教师的责任。要求学生创新性发挥一些未输入的知识点；在认知模型的合理构建上为他们提供启示，从而各方面权衡之后再进行规划；此外，素材的提供也是必要的。这些都是教师任务安排时可取的方法。

第十，在储备知识方面持续更新。一方面，要想使教学得以可持续发展就要加强重视将科研融合于教学中。学生的学习动机、研究课堂教学的深度、外语教学与信息技术相结合以及教学设计等都能作为研究的关注点。另一方面，知识、信息的不断更新是作为一线教师、教育界的管理者及学者不可或缺的部分。要想与学生共同对本学科最新的研究动态及时掌握，可以凭借自身的职业修为，在内容的展示上可以通过现在兴起的微课形式，对与学生生活环境相关的日常网络用语的掌握。这都是更新知识、信息的方式。

（二）教师的指导作用

翻转课堂的成功基于学生自我管理学习的能力，在这个过程中，教师的指导方式也有所不同。从翻转课堂的特征来看，在课堂/面授时间段，教师应该随时准备好引导学生。从表象看，应该是学生们热烈讨论，教师游走在各个讨论组之间，只需要解决学生解决不了的问题；但从实质上看，学生是否真正从教师布置的任务与项目中获益，教师的准备与指导是关键因素。相较于传统的课堂教学方法，翻转课堂中教师对学生自我指导式学习的推动方向有所不同，见表7-1。

表 7-1 教师指导方式的不同

项目	传统教与学	自我指导式学习
教学目标	学生掌握系统的学科知识	学生学会学习； 学生学会运用知识； 学生学会运用所学知识解决复杂问题
课程安排	教学与练习	以整合并提炼复杂的想法和学习技巧为目的，教师系统地安排课程
课程结构	教师讲授为主	学生掌握学习目标和进度
学习方式	听、阅读、题海	学生把新的知识融入已经掌握的知识中； 学习被认为是一种认知和探索的过程
教师角色	知识的权威拥有者	学习环境的设计师
有效授课的标准	完整呈现和传递知识； 以不断强化的形式让大多数学生获得较高的分数	让学生全程参与学习； 帮助学生掌握学习目标； 利用课堂评价促进教学

改编自 Caposey & VVhitaker，2013。

针对外语教学而言，可以参照二语习得中的语言学习规律来设计任务与活动。

（1）在活动方面采用任务型语言教学法，以任务作为分析的对象，促进学习者在应用中学习。

（2）在语言输入方面，尽量给学生详述，减少简化的语言；尽量让学生感受不同场景的语言输入；商议式的话语是学习者在主动探索意义或求解的过程中对语言的真实应用，互动过程中也能相互改进语言。

（3）在学习过程方面，可以使用一些内隐式的语言，鼓励归纳式的学习；理解学习者在语言发展过程中的中介语特点；对语言的错误进行必要的反馈；鼓励合作式学习，互动机会和有效的学习支持对学习者持之以恒获得进步有着非常积极的作用。

（4）在学习者方面，进行需求分析，关注学习者的个体差异，根据交流的需要和心理语言学的分析进行个性化指导。

对于教师来说最具挑战性的便是翻转课堂模式下的活动设置及任务。秩序、规则的建立要符合时机，对学习者的讨论方向要起引导作用，这都是教师应当具备的能力。教师有的时候仅给出像某一事件、人名或者日期产生了怎样的内在影响诸如此类的提问；有时候这样的提问还是像如果某一条件被改变了的话事件另外的结局会是怎样这类假设性的；有的时候下达的任务只是检验知识点或者要求没有产生紧密的内在关联。

二、翻转课堂的任务与活动设计

课前任务主要鼓励合作和创意，教师要精心设计学习任务单，准备好发展高级思维能力的学习资源，可以提供分层次的任务供学生选择，然后根据课前任务设计学习资源；结合关注要点检验修改课前任务。前述实验班的许老师认为，在任务设置方面，教师先与学生共同探讨问题，分享自己的感情和想法，引导、启发学生，促使学生新知识结构的形成。她觉得，实验班的学生外语基础很好，对自己要学习什么或者怎样学习还是很有想法的，他们会主动向教师咨询或互相商讨，这可以从他们在 QQ 群的对话看出来。教师在充分了解后就要对学生的需求和要求进行分析和排序，更注重个性化教与学，更注重基于项目的教学方法和以问题为导向的学习方法。

下面借鉴管理学中的目标管理 SMART 原则，根据格里（Gerry）和基德（Kidd）建议的任务与活动设计原则，阐述设计过程中的 SMART 原则。

在翻转课堂上，学生需要以独立的方式或者以小组为单位去完成一些任务，按照 SMART 原则来教学，可以令学生有更好的学习效果以及应用效果，他们可以不必去过分考虑任务和活动是怎样描述的。教师应当按照不同的教学目标并且根据学生各自水平来设计不同的任务。

第一，可以把一些学生没有接触过的，完全不了解的课程内容安排在预习阶段，让学生针对这些内容来提问题，为他们解答疑惑，了解学生理解的难点在哪里，然后在课堂上有的放矢，对这些内容进行重点讲解。

第二，有些内容是学生已经有所了解的，对于这部分内容可以只讲难点和重点，引导学生用开创性的思维去理解并且在课后进行反思。教师要掌握好信息差，在活动和任务中体现出这些信息差，设置一些语言上或者知识上的难度，以调动学生学习的兴趣。教师应该寻找到教学过程中的平衡点，作为外语教师首先要向学生传授好知识点，同时还要通过教学将一些知识点传递给学生，让语言学习有内容来承载。比如，中国的传统文化中就包含了丰富的哲学思想，很多人知道这一点，但是对这些具体的哲学思想并没有深入了解，这就是知识点，可以引起人们认知的欲望。

第三，教学中有一些内容是学生比较熟悉的，对于这些内容教师应当引导学生进行拓展性思维，提高学生思辨的能力。比如在向学生讲解七夕节相关内容时，就不必专门制作七夕节来历的内容，而是可以向学生介绍一些中国民俗方面的知识；还可以设置一些相关的场景，让学生向外国人介绍中国的传统节日。

至于提高学生思辨能力的训练，可以让学生将我国的七夕节和外国的情人节进行对比，来思考东、西方人不同的爱情观。在进行课前准备时，教师可以为学生设置一些小的任务和小的测验，或者让学生进行小篇幅的写作，让学生在正式上课前对所要学习的课程内容有所了解，经过测试，学生可以了解自己的薄弱项在哪里，教师也可以据此来设置一些教学的重点。教师应尽可能引导学生开展一些较高级别的学习活动，比如进行数据的分析，围绕课堂内容进行辩论等。

教师可以采取的授课方式包括角色扮演对话、分成小组开展讨论、进行小型的测试、建模训练、进行项目规划、头脑风暴、书面陈述等。在开始授课前，教师应当对学习语言的规律进行总结，掌握学生学习的困难之处，以学生的需要作为出发点，将学生作为课堂的主体来设计教学内容，预先对学生有可能提出的问题有所准备。课堂教学开始后，教师应当对学生开展仔细地观察，向学生发出提问，倾听学生的问题和答案，对他们遇到的困难及时给予指导，对学生的进步和成绩给予及时鼓励，对学生的各种行为给予及时的回应。课堂上要为学生留出思考的时间和机会，鼓励学生在课堂上大胆发言，对发言的学生及时给予反馈。当组织学生进行讨论时，教师要对他们进行密切的关注，针对他们在讨论中出现的争执给予及时协调，对遇到的问题及时给予指导。

教师在组织学生开展课堂活动前应当预先考虑以下问题：活动的预期效果如何；活动可能会达到什么样的目标；明确活动的要求和规则；提前确定对活动的评价方式。在将学生分成小组开展活动前，要充分考虑到分组的合理性，比如小组人数的多少，小组人员应当如何分配，小组成员的角色应当如何定位，对各小组的表现应当如何统一进行评价。划分学习小组的方式可以有两种：一种是让学生自由组合，他们可以选择自己比较熟悉的同学一起组成学习小组；另一种是由教师按照学生的能力、性别、学习基础、个性来进行统一分组，对所有小组进行差异性的平衡，引导学生通过小组讨论来进行思想的交流。

课堂活动对于学生来讲，是一个很好的学习机会。自律性强、积极要求进步的学生如果看到同学取得了学习的进步，他们就会给自己压力，并将压力转化成动力，不断改变学习的策略以取得更大的进步。

第二节　翻转课堂与现代教育的转变

一、翻转课堂教学与学校教学制度

有很多教师常常会问，在大规模学习的情况下，学生之间的差异性是否能够得到保障；学生课后既要完成回家作业，又要学习微视频，是否能够真正减轻学生的课业负担。诸如此类的问题，是学校在推行翻转课堂时，不得不考虑也不得不认真研究的问题。

实践表明，如果翻转课堂仅仅是加上微视频学习这一环节，而没有在学校教学与管理的整体上加以改革的话，上述问题是有可能存在的。然而，如果学校在顶层上对教学与管理流程重新加以设计，那就有可能取得良好的教育效果。

（一）基于数据分析的即时走班

1. 走班制概述

所谓“走班制”是指学科教师和教室固定，学生根据自己的学力和兴趣愿望，在教师指导下选择适合自身发展的层次班级而上课的一种教学制度。不同层次的班级，其教学内容和程度要求不同，作业和考试的难度也不同。

在“先课制”的制度下诞生了“走班制”。班级授课制是传统教学模式下惯常采用的教学方式，这种教学模式可以大幅度提高教学的效率，但是因为要求完全统一，而会对学生的个性发展产生限制，学生间的个体差异性往往无法被顾及。

德国的柏林-洪堡大学于1810年创造性地提出了“学术自由”的办学方针。当时所说的“学术自由”实际上也包括教学上的自由。这有两方面的含义，即教师有教什么的自由，学生也有学什么的自由。在此基础上，诞生了“选课制”。这种教学模式将学习的自主权交给学生，他们可以按照自己的兴趣和爱好来选择课程，很好地体现了学生是教育的主体的宗旨，这种教学模式十分受学生欢迎。

最初为了更好地推行“选课制”，高校还制定了“学分制”，设立了“走班制”的管理方法。后来此类制度中又细化出了“必修学分”“选修学分”，设立了“必修课走班”和“选修课走班”这些不同形式的管理制度。

将学生的学习数量用一种计量单位来表示，那就是“学分”。学生在实验室或课堂上进行实验研究或学习，一学时的时间约等于一个学分，然后以一个学期来计算。用分数来计算学生学习的量就称为学分制。“走班制”指的是在一个固定的时间和地点，由教师进行统一授课，来自不同班级的学生集中起来上同样的课。这是因为已有的固定班级无法满足学生学习的需要，因此设立的特殊的班级制度。

目前高校创立的走班制、学分制与选课制等几种新型的教学模式使得教学管理制度趋于完整、趋于合理，对教学质量的提升具有积极的作用，很多国家的教育界都对这套制度表现出了欢迎的态度。

2. 走班制的优势

在走班制的教学模式下，教室是固定的，教师是固定的，学生可以按照自己的学习基础和兴趣爱好来选择适合的班级层次。不同的班级层次设置的课程内容、作业量多少、考试难易程度、学分计算方式都不相同。按照走班制的教学模式，班级又被分成教学班和行政班。行政班主要用于开展学生的管理，这就是传统的某年级某班；教学班的任务就是开展教学，比如数学班或者英语班。走班制的教学模式有传统教学模式无法比拟的优点：

其一，学生的主体地位得到充分体现，对发展学生的不同个性十分有益。按照走班制的管理模式，学生可以按照自己的学习基础和兴趣爱好来选择适合的课程，学生对于课程的选择权得以充分体现，他们拥有了自己专属的课程表，自身的主体地位得到了充分尊重，个体的差异也得到了充分重视，很好地满足了学生个性发展的需要。

其二，学生在学习中的积极性和主动性被充分调动起来，对他们自信心的树立十分有益。在走班制的模式下，学生可以根据自己的实际情况来选择自己喜欢的学习方式，他们在学习方面有了充分的自主权，这样有利于激发他们的积极性和主动性，也容易调动起他们的求知欲望，在学习的过程中能够寻找到自己的定位，也能通过学习中取得的成绩来获得成就感和自信心。

其三，这种教学模式能够令学生扩大人际交往的范围，增强他们人际交往的能力。走班制的学生构成是流动性的，学生人际交往的范围突破了固定的班级小圈子，也走出了教室的禁锢。学生可以接触到更多不同班级的学生和教师，交流的平台拓宽了，与学生和教师的交流机会也大大增多，这样既有益于培养学生的交际能力，也能够在很大程度上增强学生与他人合作交流的意识。

其四，这种教学模式可以增强学生的自我意识。在走班制的教学模式下，学生可以按照自己的实际情况和兴趣爱好来选择适当的课程，可以选择教师，还可以选择班级，这样无形当中就增强了他们自我管理的意识和能力，也可以让学生对自我有一个客观的认知。

3. 走班制的问题

走班制是借鉴国外教育界的一种新的教学模式，尽管这种教育模式有很多优点，但是这种引进自外国的教育模式与我国传统的教育观念依然会产生冲突，主要表现在以下几方面：

(1) 传授知识和发展能力之间的矛盾。我国传统的教育模式中，知识类教学一直是主要的课程内容，这种教学方式也得到了学生家长的普遍认可，在他们看来，送孩子上学就是为了让他们学习知识，能够教会孩子知识的教师才是合格的教师，如果孩子学不会课堂上的知识，那并不是教师的问题，主要还是因为自家的孩子学习不认真造成的。但是走班制的教学模式主要是为了提高学生的综合能力，这种模式下会给予学生充分的自主权，让他们自己来选择想要学习的课程内容，选择适合自己的层次，课堂上死板的满堂灌被形式多样的讨论和互动所代替。这种教学模式自然会受到一些教师和家长的抵制，因为在他们看来，学生在学校最主要的任务就是学习知识。

(2) 教师中心和学生中心之间的矛盾。表面上看，学生主体论和教师主导论似乎都是将学生作为教学的中心，但是实际操作过程中，教师的主导地位往往会掩盖掉学生的主体地位。在课堂上，教师始终是处于主动的一方，而学生是被动接受的那一方，即便教师会向一些学生进行提问，似乎体现了学生的主体性质，但实际上学生在整个教学过程中仍然是处于被动的状态，学生对教师还是一种依附的关系。因此，大部分学生在学习过程中都无法做到真正的自主。走班制教学模式出现后，过去那种以教师为中心的传统教学模式被打破，在走班制模式下，学生可以自主选择课程，自主选择教师，学生成为学习的真正主人，教师也不得不开始正视教学中学生主体地位的转变。如果教师的课没有足够的吸引力，那么学生就会去选择别的教师的课程，他就会面临没有学生可教的场面。不过走班制等以学生为中心的新型教学模式在中国还是新生事物，短时间内还不可能完全取代传统的以教师为中心的教学模式，真正在教学中实现以学生为中心还需要经历一个比较漫长的过程。

(3) 素质教育与升学考试之间的矛盾。走班制对于如何激发学生学习的兴趣，如何提高学生学习的能力方面更加重视，而分数已经不再是评价学生学习成绩的唯一准则，走班制的评价体系中引进了一些新的评价方式和手段，比如引导学生开展自评，在班级内组织学生开展互评，进行档案袋评价等。近年来一直在强调开展素质教育，而走班制应当可以成为学生素质教育的一种非常有效的手段。

(4)“分层教学”与“快慢分班”之间的矛盾。“分层”是走班制教育模式下一个非常重要的概念。之所以制定“分层”的概念，就是要对学生存在的个体差异给予足够的重视和尊重，让他们按照自己的实际情况和兴趣来选择适合于自己的班级层次、适合于自己的课程。班级层次不同，所学习的内容、布置的作业以及考试的难度都不相同。但在实际教学过程中，我国的学校通常都会把“分层教育”变成快班和慢班的简单形式，只是简单地按照学生的学习成绩来分成不同学习进度的班，最终仍然使用传统的教学模式来展开授课。这种快慢班的形式，完全背离了素质教育的初衷，也达不到因材施教的目的，而且还使教育有失公平。把学生按成绩分成好学生和坏学生，对学生心理健康十分不利，容易使成绩落后的学生自暴自弃，造成更加明显的两极分化。

(5) 选课的“自由”与“自由”被浪费之间的矛盾。在走班制的教学模式下，学生被赋予了更多的选择课程和教师的自由，但因为年龄的缘故，还有意识的缘故，使得很多学生还不会自主选择真正适合于自己的课程和班级层次，往往是跟风选择，处于比较盲目的状态。有些学生对于哪些课程适合自己并不清楚，在选择的时候看别人选什么自己就选什么；还有的学生是因为喜欢某位教师，就会盲目地选择这位教师所教的课。这种情况下，不但走班制的优势难以充分发挥出来，而且这种在教育改革艰难推进的情况下才获得的自由权也被轻易地浪费了。

(6) 学生的流动性与班级管理难度加大之间的矛盾。由于走班制的模式下，不再有过去传统班级那种严密的组织状态，学生没有固定的班级，没有固定的教育，人员也经常处于流动的过程中，教师和学生都不在一个固定的集体当中，这种状态也会使管理变得松散，学生容易出现旷课、迟到、早退的现象，甚至还会有替课的情况出现。教师要付出比传统班级多几倍的精力才能对学生进行有效的管理和监督，掌握每名学生的具体情况也会变得更加困难，这样就给班主任增加了更多的工作压力和负担，班级管理的难度也大大增加。

(7) 尊重学生的主体性和集体意识缺失之间的矛盾。在走班制的教学模式下，学生的主体地位能够得到充分的尊重，学生在选课方面拥有充分的自由，学生可以如私人定制一般来选择课程，他们可以提前像在大学一样进入自由选择的阶段。但是在这种模式下，学生对于班级的归属感会大大降低，集体的意识以及集体的荣誉感也会削减，这对于培养学生的集体主义观念是不利的。

(8) 重视班级的“教学”作用与“教育”作用被忽视之间的矛盾。在走班制的教学模式下，学生始终是流动的，他们同教师在情感方面的交流要比传统班级少得多，因为这种教学模式下班级的主要功能主要体现在教学方面，比如学生学习积极性和主动性的提高，学生学习热情和学习兴趣的调动，学生学习成绩的提高等。而对于学生的教育功能则被大大削减和忽视，行政班和教学班之间就会出现管理上的真空地带。在过去传统的管理模式下，班级和学生是相对固定的，对学生的管理由三方面的力量组成，即班主任、任课教师和家长。他们可以就学生的各种具体情况进行及时、顺畅的沟通。然而在走班制的模式下，学生的任课教师各不相同，班主任和家长难以同任课教师建立有效的沟通，学生在学习和生活中出现的问题不易被及时发现和解决，学生的心理和身体健康成长会受到一定的影响，对他们学习成绩的提高也会造成不利影响。

(9) 对硬件条件的要求增加和硬件条件不足之间的矛盾。学校要具备基本的走班制所需的基础设施，这是顺利实行走班制的基础性条件。这些都属于硬件条件，包括图书馆、教室、实验室以及其他的设施。只有硬件条件充分具备的学校才有可能顺利推行走班制。但目前我国大部分学校的硬件设施已经处于饱和利用的状态，学校已经无力再为走班制的学生提供更多可用的资源，很多想实行走班制的学校因为硬件条件的限制只能选择放弃。

4. 基于数据分析的即时走班

社会的进步通常都是与新技术的出现相联系的。如前所述，没有印刷术的发明，就很难有班级授课制的诞生。同样，如果没有现代数字化技术与大数据挖掘技术的支持，以慕课为代表，高效率与个性化高度统一的开放教育也是很难实现的。个性化教学是建立在对学生个性充分把握的基础之上，同样，差异化教学也需要对学生的差异有足够的理解。这既包括对学生之间差异的把握，又包括对学生差异程度有多大的精细的分析。北京大学教育学院尚俊杰教授指出：“大数据提出以后，自然也受到了教育研究者的关注。比如，目前以关注学习过程为核心的学习分析（leaning analytics）已经成为一个研究热点，尤其在教育大数据的背景下，如何综合应用教育数据挖掘、人工智能、自然语言处理技术，对学习过程中产生的多个层次的数据进行分析，并提出针对性的学习建议策略，成了国际学术界非常关注的问题。”

由此，他特别强调：“这方面 MOOCs 就是一个最好的试验田，因为 MOOCs 网站会产生海量的学习过程的数据，就可以利用数据挖掘等技术对这些海量数据进行分析，从而发现学习者学习规律和学习行为。”为学生提供个性化指导，是教育的理想追求，而大数据技术则为这一理想的实现提供了坚实的基础。

从学习规律而言，无论是西方的研究，还是中国传统的经验，都说明了一个道理，即学生已知的内容决定了其可能学会的内容。奥苏贝尔曾说：“如果我不得不把教育心理学的所有内容简约成一条原理的话，我会说：影响学习的最重要因素是学生已知的内容。弄清了这点后，再进行相应的教学。”这一条原理被称为是奥苏贝尔整个理论体系的核心，他所论述的一切，都是围绕这一原理展开的。

因而对学生现有学习情况的了解和把握，是教师教学中的一个重要问题。传统的教学环境中，有经验的教师凭借其多年的教学经验，可以对班内相当一部分学生的学习情况做出较为准确的判断；但即使在这样的情况下，教师也很难对班上每一位学生的学习情况做出逐一判断，何况做出的判断只能说较为准确，也不一定十分准确。对于新教师，这个问题更加突出了。新教师虽然有较为丰富和前沿的学科知识，但是对其所教对象的学习情况，包括学习基础、学习特点以及学习需要等，很难做出准确的判断，因而也很难进行有针对性的高效教学。

当前的信息技术可以帮助教师准确捕捉、分析与呈现学生网上学习的详细情况，学生学习了什么内容，学到了什么程度，学习某一内容时花费了多长时间，以及完整的学习进程是什么样的等。这些宝贵的数据信息对于分析和诊断每位学生学习的情况，是有力的帮助，也给教师进一步为其提供有针对性的指导，提供了很好的参照。

现代“学习分析”技术可以清楚地告诉教师某一群体学生学习的状况。比如，一段微视频学习以后，在后续的进阶作业中，有多少学生答对了，有多少学生没做出，有关信息会及时反馈到教师那里，并可以用直方图等多种形式清楚地提醒教师。

当然，现代“学习分析”技术还可以对学生个体学习情况给予及时的反馈，以便学生有针对性地改进自己学习中的问题。

可以由专业的教学人员和专业的信息技术人员共同开发设计出一套教学评价与分析的系统，以云计算的形式展开运用。这个系统可以对学生在网络上进行学习的每个信息点进行详细记录，对学生学习过程中的熟练度、深度、速度、具体的内容以及由此分析出的学习的兴趣、学习的专长等情况做出精准的判断。根据这些情况，系统将一些学习倾向、学习需要、学习基础基本相同的学生进行归类，然后向这些学生提供第二天他应该去上课的地点，让这些有学习近似度的学生进入同一个课堂开展学习，而安排的教师也应当是专业性的，教师可以针对这些学生的具体情况，及时帮助他们解决学习中遇到的问题，开展有效的教学指导。

这些走班制或分班制教学模式的形成，具有以下几个特征：其一，以数据分析为基础。它通过对学生在网络上进行学习的各种具体情况进行分析获得相关的数据，学生每次上课的班级、教室都是不同的。其二，具有及时性。系统会对学生的具体学习情况进行分析，然后实时通知即将到来的课程在哪里完成，具体学什么内容。其三，课堂教学的针对性非常强。就拿上化学课举例，不同的班、不同的学生所学的内容是不同的，例如，A 班主要讲解置换反应的相关内容，B 班主要讲解复分解反应的相关内容，C 班的学生已经理解并掌握了相关知识，这个班的学习重点在于引导学生进行自主学习和拓展深化知识。这种根据数据分析来进行精准教学的模式能有效地提高教学效果，让每个学生都能受到适合于自己的教育。当然，这需要数字技术的支持。对于某个知识点的学习，利用信息技术来准确地捕捉、分析和呈现每位学生的学习情况，这会给现有的教学管理带来不小的冲击和麻烦，但这是因材施教、个性化指导发展的方向和趋势，是教育规律使然。信息技术的出现，更有助于该项工作的实施。学校可以根据自身的基础和情况，从某一个年级的一至两个学科开始试点，分步实施，总结反思，逐渐推进。

（二）针对课下先学基础内容的课时调整

实施慕课学习和翻转课堂，在当前也被不少教师质疑，是否会因延长学生学习时间而加重学生学习负担。在这里，有不少的疑惑需要澄清，也有不少问题有待解决。

1.“教，是为了不教”

任何发展都是学生的自我发展，同样，任何学习从根本上来说都是学生的自我学习。学习，终究是学生自己的事情。只有学生能够发自内心地积极学习，学习才可能成功。因而，养成学生的自主性，既是教育的重要内容，也是教育成功的保障。而在当前我国大多数家庭只有一个孩子的情况下，在当前教育面临激烈竞争的条件下，无论是家长还是学校，都存在着对学生生活安排过度、对学生教学过度的现象。学生什么时间起床、什么时间洗漱、什么时间用早餐、什么时间到校，以及在学校的每一分钟要做什么事情都是被精心安排好的。寄宿制的学校中，学生从一起床，直到学生入睡的每一分钟，都已经被精心设计好、安排好了。在这种精心的设计与安排下，学生逐渐丧失了自主学习的能力、自主生活的能力。学习中缺乏主动性，这对其终身发展并不是好事。

叶圣陶先生的“教，是为了不教”的主张，今天更需要认真对待。教，是为了帮助学生能够更好地学习，直到学生能够在没有教师的情况下也能够学习，也能够学会。学生自己学会，是教的目的。当然，提升学生学习的自主性，既需要教师教育理念的转变，更需要有教育模式和教学方法的支撑。在翻转课堂的理念和模式下，知识与概念的讲解，可以在学习任务单或学习指导书等的帮助下，让学生用看视频的方式学习。如何确保学生学习视频，这个过程是学习取得成效的保障，也是提升学生学习自主性的保障。

为了确保学生能够深度学习视频内容，有的教师让学生看了视频之后写出对视频的评论，有的让学生完成相应的练习题，还有的是让学生对视频的内容提出1~3个有趣味、有深度的问题供上课时讨论等，这些都能帮助学生有效完成视频学习。相对于课堂上坐在座位上听教师讲解，在视频学习过程中，学生的自主学习能力更容易养成。因为这个过程的完成，需要学生积极地参与，需要认真聆听，深入思考，才能完成作业，才能提出有深度的问题，有可能发言参与课堂上的讨论。

2. 课时调整：适度减少课堂教学时间，增加学生自学时间

外语翻转课堂的实施，需要以学生课前的自主学习为前提。学生课前的学习，一般是在一个人的环境下学习外语，学得好的可以往前进，没有听懂的可以暂停，查找其他资料，反复听讲；可以站着学，坐着学，根据学生自己的喜好，以较为休闲的方式高效地学习外语。可以想象，真正愿意学习的学生，是更加喜欢这种学习方式，而非坐在教室内安静地听讲的。

在外语教学过程中，适度增加学生自学的时间，既是培养学生自学能力的要求，也是提升学生学习效益的需要。在增加了学生自学时间的同时，又不能延长现有的学生整体的学习时间，这就要求调整现存的、被视为理所当然的每天7节每节40分钟课堂教学制度。

变革的方式有多种，比如，打破教师一直在课堂上讲授的教学方式，而是改成：前半程，学生在教师的主导下上“展示课”，学生展示自己所学；而后半程时间，学生则围绕微视频自学。外语课堂教学改革，不仅提升了外语教学效率，也减轻了外语教师机械劳动的负担。学生自学的时间增加了，堂上学生展示的活动更加活跃了，外语教学质量提升了，学校的改革受到了学生和教育行政部门的好评。

另一种改革方式是，改变每节课都是40分钟的固定模式。如果有的内容学生凭自学就能掌握好，那课堂上就不一定需要40分钟了，有的外语课可以调整至30分钟，甚至25分钟。当然各个学校、各门学科各不相同。甚至同一门课的

不同内容，需要的课堂教学时间也不一样。这节课需要 40 分钟，下节课可能只需要 25 分钟，根据学习内容和学生需要，灵活调整，而非刻板一致的 40 分钟。

（三）与多样性相关的考试评价制度改革

传统的教育评价，注重的是对评价对象的分等鉴定，主要服务于学生选拔、教师考核与奖惩以及对学校进行分等鉴定等管理目的，是一种判断优劣的总结性评价活动。随着我国大学教育的发展，人们对评价的功能与目的的认识也发生了很大变化，通过评价激励学生更好地成长，通过评价促进教师的专业发展，为学校教育质量的不断提高提供保障，已成为我国基础教育界的共识。

评价具有重要的导向作用。外语翻转课堂作为一种在高效率基础上实现个别化教学的模式，如果没有考试与评价制度的保障，无疑会有很大的障碍。不过，需要强调的是，仅仅有校内评价的改革还是远远不够的，它还需要有包括对学生与学校外部评价的改革。

研究表明，与学生自主性发展、学校个别化教学联系的评价也需要有多样化的评价。统一性的评价显然满足不了个别化与个性化的发展需要。这些评价有“增值评价”“自身进步评价”“组织质量评价”等。

1. 增值评价

增值评价（value-added assessment，VAA），也叫附加值评价。“增值”，即一定时期的学校教育对学生成长发展所带来的积极影响。作为教育评价改革的举措，20 世纪 70 年代初期，美国东北密苏里大学推出了“增值评价”方法。该方法试图确定一定时期内，学校教育活动对学生水平增加的价值。其基本假设是，学生入学时的水平与毕业时水平的差异，或学生在校期间的变化情况，可以归因于学校教育；学生变化的幅度，即“增值”的大小，可以看作是学校、课程或教师的教育成就。

这一评价思想也逐步影响到了基础教育领域。为准备推行增值评价而影响最大的就是美国马萨诸塞州的罗蒙内计划。2005 年，美国马萨诸塞州州长米特·罗蒙内为学校改革提出了一个计划，为表现突出的教师增加报酬。虽然在其他领域中，绩效工资已经是一种很普遍的做法，但是这一提议在美国的公立教育领域里却是一个开创性的举措。该计划最重要的措施是将教师工资与学生学业成就的增值相联系：所有的教师，不管教什么科目，只要学生成绩增值较大或者得到了校长与同事的好评，就会获得 5000 美元的年终奖金。在该州获奖教师的名额，不超过教师总数的 1/3。

遗憾的是，罗蒙内的计划因为受到了教师工会及民主党的抵制，时至今日该计划因为没有获得立法机关的支持，还未能在全州范围内实施。

这一评价方法在技术上是存在困难的。学生在学科考试中的分数事实上是不等值的，在百分制的情况下，一个学生从 60 分提高到 70 分，与另一学生从 85 分提高到 95 分，同样的 10 分相等吗？此外，不同学科之间的分数能够换算吗？这些问题，当时在技术上都还未得到解决。更重要的是，罗蒙内的计划加剧了教师间的竞争，这在根本上就得不到教师工会的支持。

慕课，作为大规模在线教育的手段，其实，它提供的不仅仅是微视频那样的课程资源，而且也为各种评价技术的开发提供了大数据的支持，同时，它也需要以基于数据评价说明自身在促进学生个性发展方面独特的优势。

2. 自身进步评价

不同于增值评价，“自身进步”评价是一种自己与自己比较的评价。它将自身的进步情况作为评价标准，分析这一阶段与前一阶段自身发展与进步的状况。目前，世界上一些主要国家包括我国的不少政府“智库”或咨询机构常常会发表一些年度进展报告。在本质上，这些年度进展报告就是“自身进步”报告。

“自身进步”评价以评价期开始时的现状为评价标准，衡量进步情况，以及在评价周期内组织或其成员取得的成就。同时，“自身进步”评价也要关注在评价期内，组织或其成员存在的不足。这些不足包括期望解决而未解决的问题，以及当前新出现的问题。及时地发现这些问题对组织或其成员的发展与提高，是有十分重要的意义的。

当然，只是发现问题还是远远不够的，人们还希望能在发现问题的基础上找到问题背后的根源，以便使组织或成员能有针对性地改进自己的工作。大数据挖掘技术在这一方面有特殊的优势。

目前，“自身进步”评价已经受到了许多政府部门的重视，学校更应当充分利用现代大数据技术的优势，积极发展“自身进步”评价。

3. 组织质量评价

事实上，任何社会活动并非是孤立的，外部各种环境对社会活动及其效果有着重要影响。一个高质量的组织就是能够迅速有效地适应社会变化满足顾客需要的组织。在工商界，人们不难看到，一些在 20 世纪还傲视群雄的企业，面对社会变化熟视无睹，故步自封，其结果几乎无一例外地被淘汰出局。而能引领行业改革的都是那些敏于社会变化，善于把握发展机遇的“搅局者”。

教育作为培养人的社会活动也不会例外。社会的发展对教育提出了很多新的要求，也提供了极大的发展机遇。在当今科技迅猛发展的背景下，社会各行各业都发生了极大的变化。当下在教学领域应当进行“组织质量”评价体系的使用，这个组织质量评价可以让我们关注到社会对人才的新需要、新要求。我国城镇化步伐不断加快，社会对人才的需要是否有了新标准，这些标准和以前是否会有不同；学校的课程设置是否需要做出相对应的调整；教学的内容是否需要进行适时的更新；教师与学生的关系是否需要进行及时调整；伴随着科学技术的飞速发展，各学校的教学模式是否需要进行创新。

关于组织质量评价都与上述问题的答案有关。在这一快速变化的时代，这是任何学校都回避不了的问题，历史将对学校的“组织质量”做出最终的判断。

二、翻转课堂与外语教师的专业成长

（一）从知识见长走向综合素质

当代教育正在从“知识本位”走向“综合素质本位”，很显然，这对外语教师提出了更高的要求。按照翻转课堂的学习方式，一些普通的知识可以由教师提前安排学生进行预习，观看一些微视频，预先理解和掌握相关的教学内容，把省出来的课堂时间用于安排学生进行科学研究和探究活动，引导他们掌握科学研究的一些方法和技能。对于一些社会人文类的学科，教师可以利用这些节省出来的时间让学生进行相互交流、课堂辩论、小组讨论，训练学生的表达能力、思辨能力和洞察能力。

教育作为一种有目的、有组织的培育人的社会活动，事实上，它并非是随意的，也不是随便什么人可以随心所欲在课堂上发表不负责任的言论的。微视频将教师传授知识的过程置于公众的监管之下，这在很大程度上保证了教学的思想性。然而，这种时间的增多与机会的增加，并不能必然地导致情感教育实效的增强。正如大家所熟知的，学生态度情感价值观的形成是建立在他们的经验与体验基础之上的，人与人之间的交往是影响学生价值观的最重要的变量。正是在这一意义上，我们说未成年人思想道德问题的根源在成年人身上，提升学生的思想道德水平首先要提升教师的道德水平。

由于目前部分学校领导对教师师德重要性认识不足，疏于管理，责任心不强，个别教师在课堂上随心所欲地发表不负责任言论的情况还客观存在。这就是说，在翻转课堂上，由于师生交往频率加大，部分教师不健康的思想有可能对学生产生更负面的影响。

由此，可以得到以下的结论：

第一，作为基础教育慕课载体的微视频对推动外语教学领域中的思想道德教育将有重要促进作用。

第二，外语翻转课堂将为师生之间与生生之间的深度互动提供更多的时间与空间，这一深度互动将极大地影响态度情感价值观的教育。

第三，慕课的实施对外语教师的思想道德提出了更高的要求。

学校英语教师首先需要有专业能力和特长，要在本学科中有所专、有所精，但更重要的是要具备较高的道德修养。这两者是相辅相成，缺一不可的。但实际情况却是，有些学校只重视教师的专业素养，却忽视教师的师德建设和道德规范方面的要求，这对于学生的全面发展是不利的。

要想对学生开展综合素质教育，必须要有综合素养高的教师来对他们进行引导，这些教师不仅要熟练掌握本学科的相关知识，而且通过翻转课堂，教师还需要有能力组织学生开展项目的研究，培养学生解决问题、分析问题的能力，要正确引导学生的情感价值观，以自己的示范带动作用来促进学生思想道德水准的提高。

（二）从自我中心走向学生中心

在传统教育模式下，高校的英语教师通常都十分关注自己如何“教”，比如怎样进行备课，怎样在课堂上组织授课内容，怎样批改作业，怎样对学生开展辅导，怎样对学生进行评价等。撰写的专业论文也大多以如何“教”作为主题。中西方关于教学的论文有一个普遍存在的差异，那就是我国的教育类论文大多写的是如何“教”，而西方的教育类论文大多写的是如何“学”。对这种现象应该进行认真的思考。我国的学校和教师对于怎样才能“教”得更好非常重视，这样对于我们教学成效的提高是十分有利的，我国还有一些教育制度是深受好评的，比如集体开展教学研究的制度，师傅带徒弟的带教制度等。

然而，在外语教学活动中，还有一个层面应当引起更多的重视，那就是要意识到学生的学习成效是受他自己的行为和思想所支配的，能不能学得好关键在于学生自身。所以要引导学生对自己的学习行为负责，而不是教师或家长。要让学生意识到学习是为了自己而学。外语教师要把教学的重点放在怎样引导学生更好地开展自己的学习行为，怎样将手上的教学资源更好地利用起来，让学生的学习变得积极起来，主动起来。

外语教师要在观念上做一个彻底的转变，那就是在教学活动中，将以自我为中心转变成为以学生为中心。在设计制作教学所用的微视频的时候，教师要站在学生的角度进行思索，设计出来的微视频要方便学生学习，要以学生的英语基础以及情感需要作为出发点，认真思考采取怎样的教学方式才更利于学生接受和理解知识。教师在课程结束后，要对学生的学习成效进行测试，对存在的问题进行校正，并且将检测结果及时反馈给学生。

更为主要的是，在翻转了的外语课堂上，外语教师的指导和辅导更是需要在教学目标引导下，基于学生学习的基础和现状来展开。在讨论和解决学生提出的问题的过程中，先要倾听学生的理解，给学生展示的时间和机会，在此基础上再有教师的引导、点拨和总结等。让所有学生在原有的基础上有更进一步的发展，是外语翻转课堂教学的最终指向。

准确了解每个学生的英语基础，根据他们的弱点和短板有针对性地开展辅导，教师要完全按这个标准做到位还是有难度的。在翻转课堂的教学开始之前，学生通常都会预习视频的内容，对课堂上要讲解的知识有一些了解，所以在课堂上教师不必再反复去讲解视频中的内容。学生因为对视频的内容已经有所了解，课堂上他们就有可能提出一些自己遇到的问题，有些问题教师可以当场给予指导，而有些问题可能教师自己也没有考虑过，无法当场给予学生准确的答案。翻转课堂是一种开放性的课堂，也是一种生成性的课堂，在这种模式下，课堂教学的内容和形式都由"预定式"变成了"生成式"。课堂的进程不一定会按照教师既定的方向推进，所以在这种课堂上教师经常会遇到新的问题、新的考验。

走向学生中心，就要求外语教师关注学生差别化的学习，尊重并引导学生探究性、创造性的学习。

第三节　互联网时代与信息技术带来的教学模式挑战

在互联网背景下开展大学外语翻转教学活动，教师应该从翻转课堂的概念设计进行分析，提升教学的有效性。翻转课堂的前提是教师应该选择具有代表性的视频作为教学材料，也可以自己制作视频以满足教学活动的需要。学生在课下观看教师讲解视频，并且对视频中的知识点做好笔记。这种教学方法为教师备课省去了一定的负担，教师可以将更多的时间用在知识点的拓展教学上。为了保证学生更加充分地了解视频中的学习内容，教师应该在课前组织学生开展有针对性的知识学习活动，让学生在翻转课堂中享受到专业性较强的外语教育。

一、互联网背景下外语翻转课堂的教学模式

（一）确立学生主体，倡导课堂交流

在利用互联网开展翻转教学时，教师需要提前安排学生对视频课程中自己遇到的难点问题进行记录，然后在课堂上组织学生开展讨论，对各自的疑点和难点进行交流，还可以探讨视频学习的一些经验，共同分享学习的有效方法和技巧，促进学生的共同进步。

利用视频开展语言教学时，由于视频中的对话速度比较快，学生在观看时经常有听不清、听不懂的情况，这时，可以组织学生进行交流，讨论能够更好地提高听力的方法。教师在课堂上也应该多给学生表达意见的机会，了解他们在学习中遇到的问题。学生如果能够经常在课堂上相互交流视频学习时的疑问和困难，就能很好地体现出视频学习的意义。经过发现问题、分析问题、解决问题的过程，学生对知识点的记忆就会增强。这样学生就成为翻转课堂的主角，而教师则成为引导者，为学生提供一些参考的依据，以便于他们更有效地开展探究活动。视频教学应布置一些课堂活动和作业，教师应当和学生一起来完成这些作业，教师和学生可以分别扮演一些角色开展情境对话，如视频中一样进行对话

训练。

（二）积极运用多媒体教学，转变教学方式

学校和教师都应该有充分利用多媒体技术进行外语教学的意识，以此来强化高校外语教学的成效，教师要勤于从互联网上搜集口语方面的辅导训练资料。高校的外语教师应当特别重视对学生口语能力的培养和训练，引导学生大胆进行外语口语的表达。如果条件允许，教师应当在课堂上多采用外语口语教学，为学生提供口语练习的机会。

教师应当引导学生习惯于使用互联网来学习语言。在开展课堂教学之前，教师可以通过班级 QQ 群或微信群向学生布置任务，安排他们提前去互联网上搜集观看与教学内容相关的视频，预先对课堂教学内容有所了解。

利用互联网来进行翻转课堂教学，可以大大提高教学的针对性。通过教师组织的课前学习，能够使学生对教学内容预先有所了解，在即将到来的课堂时间内大大提高学习的效率。利用互联网的各种平台来开展英语学习，能够令学生实现个性化的学习。如果学生对课堂上学习的视频课程仍然存有疑问，可以在课后再次观看教学视频，按照教师的讲解进行复习，让课堂上教师教授的知识进一步得到巩固。

（三）积极收集整理反馈信息，优化测评方式

教师可以在课堂上采取小测验的方式来检测学生的学习效果，这样可以引起学生对授课内容的重视，从而提高翻转课堂的教学成效。在播放教学视频时，教师可以在重点和难点之处设置暂停，然后根据视频内容为学生进行详细的讲解，比如对视频中的一些名人名言、谚语俚语的运用、语法方面的常识等，把这些知识点挖掘出来，展开讲解，然后在课堂上对学生进行一些快速、简捷的测评，让学生也能掌握自己的学习成效和进度。

教师可以在课堂上多设置一些互动交流的环节，通过这些环节引导学生查找自己的薄弱之处，与同学进行讨论交流，然后去解决这些问题和难点。通过课前、课中、课后的教学，帮助学生查找漏洞、补齐短板，将知识真正变成学生自己的东西。在翻转课堂的教学模式下，教师要引导学生逐堂对自己的学习进行总结，教师负责收集这些总结，然后把它们公布到班级的公共平台上，让更多的学生一起来分享学习的成果，汲取相关的经验。教师应当引导和鼓励学生主动去使用互联网上的一些有益的平台和软件，在网络上与他人开展以外语为基础的交流。鼓励学生在课余时间习惯使用互联网上的一些学习资源，比如利用有道词典来查询有疑问的字词等。还可以多登录大学外语泛在学习资源的平台去共享其中的资源，与更多的网友进行交流和互动。

（四）打造人性化教学环境，优化教学结构

利用互联网开展翻转课堂的教学时，教师需要预先对网络上的教学资源进行筛选和整理，梳理出一些适合学生学习的外语类资源，然后把这些内容向学生进行推荐，让他们据此来开展预习和课后的复习。在学生进行课后复习的过程中，教师应当尽可能多地给学生以指导，让他们更好地掌握所学到的知识。

教师在设计教学内容时，应当充分利用互联网上丰富的资源，引导学生做好课前的预习。需要及时了解和掌握学生学习过程中的疑点、难点，把这些疑点、难点记录下来，然后在课堂上重点进行讲解。在课堂上教师还应当营造一些有益于教学的个性化氛围，针对不同的学生多开展诊断性的评价。教师还可以把具备不同外语基础的学生按小组分开，以小组为单位来开展课堂上的一些教学活动。比如可以组成一些学习小组，来进行情景短剧的排练，然后向全班进行汇报演出；还可以组成一些写作性的小组，用外语来介绍中国的文化、介绍英国的文化，形成报告类的文字，教师选取一些优秀的文章公布到班级的公共平台上供学生浏览学习。

（五）提升学生综合学习能力，倡导因材施教

高校英语教师应当积极开发预设性的学习资源，为学生多提供一些有益的、实用性强的形成性资源，方便他们进行课前的预习和课后的复习。

大学英语教师应当注重学习资源的不断开发和更新，对泛化性的英语学习资源进行深度挖掘，不断更新教学资源，特别是对英国、美国新近流行的一些俚语、俗语进行搜集并更新自己的教学内容，把更多高质量、紧跟时代的教学资源提供给学生。

大学外语课件信息库中有一些非常实用的视频课件，教师可以从中下载一些PPT用作课堂教学的素材，把一些教学内容中的重点以及难点拆分开来进行讲解，比如针对一句多变的表达方式，教师就可以通过例句的方式，较为直观、生动形象地为学生进行讲解。教师在外语教学过程中，要注意对学生语言综合运用能力的培养，既要帮助学生努力提高听力、口语能力、阅读水平和写作能力，还要引导学生学会使用一些外语版的操作软件，促进他们综合能力的提高，为将来走上社会、尽快适应岗位工作打好基础。

（六）优化教学理念，提升效率

在外语教学领域，翻转课堂模式还有很多环节可以加以改进。目前翻转课堂的教学模式并没有大范围地得到推广运用。外语教师要有超前的意识，主动去了解这一新的教学模式，熟悉这种教学手段的优势和特点。在推行翻转课堂教学模

式前，教师要精心选取一些适合用于教学的资源，突出课堂教学的重点，使教学内容始终保持丰富性和时效性。要注意选取一些趣味性的教学资料，这样才能更好地吸引学生的注意力。特别是要选取一些生动、活泼、有趣的视频资料，这样可以活跃课堂氛围，激发学生学习的热情和动力，提升教学的效果。翻转课堂是一个系统性的教学工程，教师首先要对这一教学模式较为熟悉，树立起推广翻转课堂教学模式的意识，加强与学生的互动，通过不断的尝试和摸索来积累相关的教学经验，不断提高教学的成效。因为翻转课堂教学模式还是个新生事物，很多教师对这种教学活动还不是十分了解和熟悉。针对这种情况，学校应当组织外语教师多参加相关的培训，让教师熟悉和掌握这种教学方法，了解这种教学方式的优点和不足，循序渐进地加以推广。

在开展翻转课堂教学改革前，教师首先要有意识地转变自己的角色。翻转课堂教学中，教师的主体地位被学生所替代，教师已不是单纯的传授知识、解答困惑的主导者，他们也不再是管理和传授知识的人，而是担负起了促进和指导学生开展学习的新角色。在传统的教学模式下，学生只是一个被动的知识接收者，而在翻转课堂的教学模式下，学生的主体地位得到了强化，他们与教师的角色发生了互换，学生开始在教师的指导下开展自主性的学习，并且通过相互间的讨论来发现学习中的问题，解决学习中的问题，探究到更为有效的答案。教师要适应自身角色的转变，主动加强与学生的沟通和交流，把学生视作教学活动的主体，在教学过程中更多地体现出与学生的合作与沟通。

二、互联网背景下翻转课堂教学资料的选择和设计

人们已经全面进入了一个信息化的时代，网络无处不在，推广速度惊人，学生的网络知识不断增多，使用程度不断加深，教师对于网络资源的应用水平不断提高，网络元素已经全面渗透到外语教学的过程中，并且显示了明显的成效。数据化的时代已经来临，丰富的网络资源可以为翻转课堂的教学提供多种多样的素材。互联网和信息技术的进步，使得翻转课堂的教学条件变得更加便捷、高效。在课堂教学过程中，教师与学生可以实时从网络上获取最新、最丰富的教学资源。为了使翻转课堂教学模式得以顺利推广，学校应当集中优势，为教学配备更多、更先进的硬件设施，促进翻转课堂教学模式的顺利推行。

目前大部分学校正在推行新课标的改革，翻转课堂教学改革是其中的重点，这种教学模式旨在让学生开展个性化的学习，培养学生自主学习的能力。在这个过程中，应引导学生充分利用丰富的互联网资源来查询资料，学习知识，达到良好的预习效果。网络上的信息浩如烟海，学生需要掌握筛选的技巧。翻转课堂教学模式的推行，正是得益于网络资源的支持和保障。这其中包括大学外语 CAI 以及一些视频课件，其极大地提高了教师的教学效果和学生学习的效率。学生可以

利用手机和移动终端下载适合自己学习的短视频，将一些碎片化的时间充分利用起来，随时随地开展外语知识的学习和训练。大学外语教师在设计课程内容时，要突出拓宽学生视野的元素，让学生通过学习不断开阔眼界，拓展思维空间。课堂的教学时间是有限的，教师需要在有限的时间内尽可能提高教学的效率，传统教学模式下，教师无法在学生课后的大量时间段内为他们提供学习上的指导；而在翻转课堂的教学模式下，教师完全可以在课余时间利用QQ、微信等通信工具将学生组织在一起，随时了解学生遇到的问题并给予及时的解答和指导；还可以利用这些先进的平台引导学生就共同关心的问题进行讨论，互助解决遇到的一些难点和问题。这样学生的课余时间也被充分利用了起来，教学的效率将得到明显提升。在这些平台上教师可以设计出不同的版块，比如口语训练版块、语法教学版块、翻译版块、写作阅读版块等，方便学生开展课前预习和课后复习。网络技术和计算机应用被全面推广到大学的英语教学中，为教学改革注入了新的动力，高校外语教学改革也迎来了新的机遇和挑战。教师在设计预习内容时，要注意选择一些与大纲相符的教学资源；在对教材进行设计时，教师应当分版块来编排相关的学习内容，让自己的教材与多媒体的视频资源建立起较强的关联性。

另外，在设计大学外语视频教材时，要进行一定的拔高，让视频教材自普通教材中来，但又比普通教材的立意和层次高。要让学生通过视频教材的学习，外语水平得到明显提高。教师在设计视频教材时可以充分听取学生的意见和建议，尽量符合学生学习的习惯，教学视频的长度要适当，保证学生在学习时能够集中注意力。课堂教学结束后，教师还可以引导学生与自己一起来制作教学视频，寓教于乐地检验学生学习的成效。利用互联网技术开展翻转教学时，教师应当不断调整对学生成绩的考核制度。不仅要把学生的成绩作为考核的标准，还要体现出学生平日在课堂上的实际表现。教师还应当及时掌握学生日常学习时都会使用什么样的软件和平台，使用的频率和成效如何，引导学生尝试使用新的方法和新的工具来开展外语的学习，推动外语教学模式的不断创新。教师应当树立起师生平等的意识，把学生作为教学的主体，加强与学生的交流与合作，处理好教与学的关系，协调好师生之间的关系，以实现学生与教师的共同成长与进步。

参考文献

[1] 李颖．翻转的课堂，智慧的教师：高校外语课堂中的自我指导式学习［M］．北京：外语教学与研究出版社，2016.

[2]［美］乔纳森，［美］萨姆斯．翻转学习：如何更好地实践翻转课堂与慕课教学［M］．王允丽，译．北京：中国青年出版社，2015.

[3] 田爱丽．基础教育慕课与翻转课堂教学理论和实践［M］．上海：华东师范大学出版社，2015.

[4] 杨胜娟，王静．大学英语教学改革实验及探索：基于“翻转课堂”［M］．成都：电子科技大学出版社，2017.

[5]［美］伯格曼，［美］萨姆斯．翻转课堂与慕课教学：一场正在到来的教育变革［M］．宋伟，译．北京：中国青年出版社，2014.

[6]［美］乔纳森·伯格曼，［美］亚伦·萨姆斯．翻转课堂与混合式教学：互联网+时代，教育变革的最佳解决方案［M］．韩成财，译．北京：中国青年出版社，2018.

[7] 段忠玉，林静，吴德．翻转课堂模式中的英语案例教学研究［M］．北京：中国书籍出版社，2016.

[8] 重庆市聚奎中学校．学习的革命：翻转课堂：聚奎中学的探索与实践［M］．成都：西南交通大学出版社，2015.

[9] 魏娟．“翻转教学”的教学手段与教学方法改革研究［J］．内蒙古财经大学学报，2017，15（2）：103-107.

[10] 周秀娟，许锋华．翻转课堂模式中学生自主学习探究［J］．现代中小学教育，2014，30（11）：18-22.

[11] 陈丝，乔爱玲．翻转课堂研究现状及国外实践案例分析［J］．中国教育技术装备，2017（14）：150-152.

[12] 朱金凤．互联网背景下英语翻转课堂教学模式探讨［J］．天津电大学报，2016，20（4）：28-31.

[13] 张其亮，王爱春．基于“翻转课堂”的新型混合式教学模式研究［J］．现代教育技术，2014，24（4）：27-32.

[14] 杨芳，张欢瑞，张文霞．基于 MOOC 与雨课堂的混合式教学初探——以“生活英语听说”MOOC 与雨课堂的教学实践为例［J］．现代教育技术，2017，27（5）：33-39.

[15] 龚纯姝．基于翻转课堂的在线学习环境设计研究［J］．中国教育技术装备，2015（24）：54-56.

[16] 康志平．基于微信公众平台的翻转课堂教学模式实践探索［J］．宁波教育学院学报，2017，19（1）：14-16.

[17] 黄又竹．探析翻转课堂的教学意义［J］．重庆工贸职业技术学院学报，2015，11（1）：39-41.

[18] 孙宇．微课资源定制与英语翻转学习模式初探［J］．当代教育实践与教学研究，2016（6）：9+8.

[19] 卜彩丽，孔素真．现状与反思：国内翻转课堂研究评述［J］．中国远程教育，2016

(2)：26-33.

[20] 何克抗．从“翻转课堂”的本质，看“翻转课堂”在我国的未来发展［J］．电化教育研究，2014，35（7）：5-16.

[21] 张金磊，王颖．翻转课堂教学模式研究［J］．远程教育杂志，2012，30（4）：46-51.

[22] 李莉．基于微信公众平台的翻转课堂教学模式研究［J］．科学与财富，2016（3）：630.

[23] 袁芬．基于微信公众平台的翻转课堂教学改革与实践——以 ASP. NET 程序设计课程为例［J］．中国教育信息化，2016（12）：36-39.

[24] 张萍．论基于微课的高职英语翻转课堂设计［J］．创新教育，2014（32）：167.

[25] 张洪艳．基于分层目标的网络课程的设计与实现以“大学计算基础”网络课程为例［J］．中国电化教育，2013（4）：95-98.

[26] 方圆媛．翻转课堂在线学习环境研究：以可汗学院在线平台为例［J］．远程教育杂志，2014，32（6）：41-48.

[27] 周炎根，桑青松．国内外自主学习理论研究综述［J］．合肥师范学院学报，2007（1）：100-104.

[28] 石美萍．对基础教育“减负”应秉持的原则的思考［J］．教育探索，2014（2）：8-9.

[29] 郝文武，张立昌．教育哲学［M］．北京：中国社会科学出版社，2009.

[30] 丁往道．英语写作手册［M］．北京：外语教学与研究出版社，2009.

[31] 关中客．颠倒教室究竟颠倒了什么？［J］．中国信息技术教育，2012（5）：19.

[32] 郭燕，秦晓晴．中国非英语专业大学生的外语写作焦虑测试报告及其对写作教学的启示［J］．外语界，2010（2）：54-62+82.

[33] 韩晓蕙．高校学生跨文化交际能力培养的现状与思考：以高校英语教师为考察维度［J］．外语学刊，2014（3）：106-110.

[34] 金陵．理解翻转课堂的三个关键点［J］．中国信息技术教育，2014（7）：18.

[35] 秦炜炜．翻转学习课堂教学改革的新范式［J］．电化教育研究，2013，34（8）：84-90.

[36] 张红玲．以跨文化教育为导向的外语教学［J］．外语界，2012（2）：2-7.

[37] 张云峰，胡庆．翻转课堂教学模式的探索［J］．时代教育，2014（5）：105-106.